Ein Sommer voller Wunder

Bibliografische Information der Deutschen Nationalbibliothek:
Die Deutsche Nationalbibliothek verzeichnet diese Publikation in der Deutschen Nationalbibliografie; detaillierte bibliografische Daten sind im Internet über http://dnb.d-nb.de abrufbar.

MIX
Papier | Fördert gute Waldnutzung
FSC® C014496

Titel der Originalausgabe: *Seed*
Die Originalausgabe ist 2022 bei Macmillan Children's Books, einem Imprint von Pan Macmillan, London, erschienen.

Innenillustrationen: George Ermos
Übersetzung: Diana Steinbrede
Covergestaltung: Grafisches Atelier arsEdition unter Verwendung einer Illustration von Frauke Schneider

ISBN 978-3-8458-5216-4

www.arsedition.de

Caryl Lewis

Ein SOMMER voller WUNDER

Mit Illustrationen von George Ermos

Aus dem Englischen von Diana Steinbrede

arsEdition

Für meinen Mann Aled und unsere Kinder
Hedd, Gwenno und Guto.

Liebe und Fantasie ist alles, was man braucht.

Kapitel 1

Dies ist eine Liste von allem, was Martys Großvater hatte:

1 Brille (ein Bügel kaputt)
7 Zähne
1 Ein-Zimmer-Apartment über dem Wirtshaus *Krone und Anker*
1 kaputter Außenbordmotor
457 Teebeutel
1 Bottich Milchpulver
Viel Zeit
1 Schrebergarten mit Schuppen (in dem eine riesige Weltkarte an die Wand genagelt ist)
1 quietschender Campingstuhl, der versucht, einen zu verschlucken, wenn man nicht richtig draufsitzt
2 sehr funkelnde blaue Augen
1 alter Filzhut

1 Saatenkatalog von *Hodgkins & Taylor & Söhne*
1 leere Keksdose

Das hört sich vielleicht nach viel an, ist es aber eigentlich nicht. Nicht im Vergleich zu Martys Mutter. Martys Mutter hatte Milliarden von Dingen. Milliarden und Abermilliarden, einfach unendlich viele. Ich könnte eine Liste schreiben, aber selbst wenn du hundert Jahre alt würdest, glaube ich nicht, dass du sie jemals zu Ende lesen könntest. Denn Martys Mutter bewahrte alles auf. Alte Zeitungen und löchrige Schuhe und rostige Rasenmäher und ungelesene Bücher und kaputte Bilderrahmen und … nun, ALLES. Als sie noch das Haus verlassen konnte, schaffte sie es nie, an einem Müllcontainer am Straßenrand vorbeizugehen, ohne hineinzulangen und etwas »Nützliches« mit nach Hause zu nehmen. Und sie begann wirklich zu toben und bekam Angst, wenn man versuchte, irgendetwas wegzuschmeißen.

Martys Haus war das am Ende der Straße, mit dem verwilderten Garten, in dem das ganze Zeug herumstand. Da gab es Waschmaschinen, die nicht mehr liefen, und stapelweise Teppiche, aufgerollt wie labberige Zigarren. Da gab es Kabelrollen und alte, aufeinandergetürmte Sofas. Das Haus war von Anfang an nicht besonders groß gewesen. Ein Bungalow mit vier kleinen Zimmern und einer schmalen Küche und einem quadratischen Raum nach hinten raus. Doch seit Martys Geburt hatte es angefangen zu schrumpfen. Natürlich war es nicht wirklich geschrumpft, also mit Magie oder so, doch es wurde auf jeden Fall kleiner.

Marty konnte sich kaum mehr daran erinnern, wie das Wohnzimmer eigentlich aussah. Es war immer vollgestopft gewesen. Doch er erinnerte sich dunkel daran, wie er sich als kleines Kind in Mums und Dads Schlafzimmer geschlichen hatte, als sein Vater noch da gewesen war, und mitten in der Nacht zum Kuscheln in ihr Bett gekrochen war. Jetzt konnte man nicht mal mehr die Tür öffnen, weil so viele Stapel aus Krimskrams sie blockierten.

Nach einer Weile hatten sich die Flure nach und nach an beiden Seiten gefüllt, sodass nur noch ein schmaler Durchgang von der engen Küche zu seinem Zimmer blieb. Man konnte nur noch einen Küchenschrank und das Spülbecken erreichen, und das war immer voll. Seine Mutter schlief jetzt hinten in der Küche, auf einem Polstersessel neben der Hintertür, und sie ging nur noch nach draußen, um auf der Schwelle zu sitzen und zu rauchen. Im Badezimmer war die Badewanne mit alten Briefen und Taschen voller Kleidung gefüllt, sodass er sich nur im Stehen mit einem Waschlappen, etwas Seife und lauwarmem Wasser am halb vollen Waschbecken waschen konnte.

Bis jetzt hatte Marty sein Zimmer noch retten können. Jedes Mal, wenn eine vollgestopfte Tasche hineingestellt wurde, schob er sie wieder hinaus. Es war etwa so, als würde man am Strand stehen und die Wellen mit bloßen Händen aufhalten wollen. Darum besuchte er jeden Abend nach der Schule seinen Großvater im Schrebergarten. Obwohl sie nicht wirklich viel machten, außer vor dem Gartenschuppen zu sitzen und zusammen Tee aus Emaillebechern zu trinken, war es eine Pause von der Enge zu Hause und dem Gefühl, dass man jeden Moment von einer Welle aus Krempel hinweggespült werden könnte.

»Alles okay, mein Junge?« Großvater grinste und reichte ihm einen Becher voll Tee, der so süß war, dass einem fast der Mund zusammenklebte.

Marty setzte sich schweigend und zuckte mit den Schultern. Großvater hatte immer ein gewisses Funkeln in seinen Augen, doch heute brodelte irgendetwas in seinem Inneren. Das war nicht ganz ungewöhnlich, denn Großvater hatte die Gewohnheit, sich für die seltsamsten Dinge zu begeistern. Zum Beispiel, als er dachte, er hätte ein neues Wunderbenzin aus Rhabarberblättern gebraut, und die NASA anrufen wollte. Oder als er einen automatischen Schneckenzerquetscher aus sechs Paar alten Stiefeln und einem uralten Staubsauger gebaut hatte, oh, und als er den Popokratzer 2000 gebaut hatte. Und den automatischen Teerührer 250, der so gut funktionierte, dass er in Martys Teetasse rührte und rührte, bis der Tee immer stärker und rabiater am Rand hochschwappte, plötzlich siedend heiß heausspritzte und sie sich beide auf den Boden werfen mussten, um sich nicht zu verbrühen. Doch heute merkte Marty, dass es um etwas anderes ging.

»Ich hab was für dich.« Großvater lächelte. »Habe schon seit Wochen darauf gewartet, dass es endlich ankommt!«

Er zog einen kleinen, braunen Umschlag aus der Tasche und hielt ihn Marty hin.

»Herzlichen Glückwunsch zum Geburtstag, Marty, mein Junge.«

Marty wurde rot. Er hatte geglaubt, alle hätten es vergessen. Seine Mutter hatte heute Morgen nichts gesagt. Selbst er hatte versucht, nicht daran zu denken.

»Ich hatte nicht viel Geld, aber ich wollte dir etwas Besonderes schenken …«

Marty bekam nicht viele Geschenke, und da das Haus immer voller wurde, machte er sich sowieso nicht viel aus »Kram«, doch es war nett, dass Großvater daran gedacht hatte.

»Nun mach schon auf«, sagte dieser eifrig und beschwor Marty mit seinem Blick, den Umschlag zu öffnen. Obwohl er kein kleines Kind mehr war, war es Marty immer noch peinlich, wenn er beim Auspacken eines Geschenks beobachtet wurde.

Marty nahm sich Zeit. Er stellte seine Teetasse ab und schob den Finger unter die Lasche des Umschlags. Er war klein, braun und quadratisch, wie diejenigen, in die sie immer den Lohn seiner Mutter hineingetan hatten, als sie noch im Laden arbeitete. Sein Großvater lächelte ihn immer noch an. Um ehrlich zu sein, war der Umschlag so leicht, als wäre überhaupt nichts drin. Also stellte er ihn auf den Kopf und schüttelte ihn über seiner Handfläche – und ein Samen fiel heraus. Marty war etwas enttäuscht.

»Wow!«, sagte er. »Ein Samen!«

»Einer der besten von *Hodgkins & Taylor & Söhne*, damit du's weißt!«

Immer noch lächelte Großvater ihn an. Marty wusste nicht genau, was er erwartet hatte, aber das auf jeden Fall nicht. Er schluckte seine Enttäuschung hinunter.

»Das ist wirklich toll …«, hörte er sich sagen.

Marty hielt den Samen zwischen den Fingern. Es *war* ein außergewöhnlich großer Samen. Glatt, mit einem dicken Bauch, und er war hell gestreift, als

würde er einen Schlafanzug tragen. Marty schaute ihn sich genau an: Er war zu groß für eine Sonnenblume, überhaupt zu kernförmig für eine Blume …

»Was ist das für ein Samen?«

Großvater grinste aufgeregt.

»Das, mein Junge, ist eine Überraschung! Ich konnte mir nur einen leisten, also lass uns hoffen, dass es ein guter ist!«

Martys Lächeln verschwand.

»Hör zu«, sagte Großvater. »Es tut mir leid, dass ich

dir nicht diese Computerspiele und Dinge schenken kann, die Kinder heute so haben. Ich würde dir die ganze Welt zu Füßen legen, wenn ich könnte. Das weißt du, nicht wahr?«

»Ich weiß«, sagte Marty leise.

»Und man kann nie wissen, was dieses kleine Mordsding für uns in petto hat.« Großvater nahm den Samen aus Martys Hand. »In Samen steckt Magie, verstehst du?« Er zwinkerte. »Man weiß nie, welche Wunder sie bereithalten.«

Marty schaute seinen Großvater mit der üblichen Mischung aus Liebe und Verwirrung an.

»Es ist ein wunderschöner Samen«, sagte er schließlich.

Großvater hielt ihn hoch und betrachtete ihn im letzten Licht des Tages, sein ganzer Körper bebte vor Aufregung.

»Du hast recht, mein Junge – er ist eine Schönheit! Er ist eine strahlende Schönheit!«

Kapitel 2

Dies ist eine Liste von allem, was Marty hatte:

1 altes BMX-Rad
2 Pullis, die ihm passen: ein roter, ein blauer
So viele Bücher, wie er aus dem Krempel im Haus befreien konnte
1 Mutter, die das Haus nicht verlässt
1 fünf Zentimeter großes Modell vom Eiffelturm, das sein Vater – den er, seit er vier war, nicht mehr gesehen hat – ihm geschenkt hat, als er ganz klein war, und das er immer in der Tasche trägt
1 Uniform, die die Schule ihm gespendet hat, dazu gehörten:
1 Hose, in die der Name Harry Thomas eingestickt war
1 Schul-T-Shirt, bei dem mit Tinte der Name Nathan Sharp auf den Kragen geschrieben war

1 Schulpulli, bei dem Lee Smith auf das Schildchen mit der Waschanleitung geschrieben war (Es machte Marty nichts aus, dass er keine eigene Schuluniform hatte, außer wenn er ein Kleidungsstück in der Pause oder nach dem Sport vergaß, dann musste er sich nämlich vier Namen merken – seinen eigenen und alle anderen –, um seine Klamotten zurückzubekommen.)
1 halbes Paket Karamell-Kaubonbons
1 Einzelbett mit Mickey-Mouse-Bettwäsche, für die er viel zu alt war

»Ich bin zu Hause!«, rief Marty, doch seine Stimme klang wie erstickt.

So war das in ihrem Zuhause. Hier drin war so viel Gerümpel, dass jeder Laut abgedämpft wurde. Das Gerümpel stülpte einem die Stille über. Marty schloss die Haustür hinter sich. Er war im Laden gewesen, um das Abendessen und etwas Milch einzukaufen, und hatte die dünne Plastiktasche auf dem Rückweg an die Lenkstange seines BMX-Rads gehängt. Meistens aßen sie Pasteten, weil man die direkt in der Form backen konnte, und Marty hatte herausgefunden, dass sie, wenn man sie hinterher mit Wasser ausspülte und auf den Stapel alter Pastetenformen stellte, gut ineinanderpassten und nicht so viel Platz einnahmen.

»Hast du deine Tabletten genommen?«, rief er.

»Ja!«, erwiderte die gedämpfte Stimme seiner Mutter. Marty hörte, wie sie Krempel herumschob.

»Was machst du?«, rief Marty.

»Wirst du schon sehen!«

Seine Mutter schlief viel und war trotzdem immer sehr müde, darum war es komisch zu hören, wie sie herumwuselte. Marty begann, den Pastetendeckel mit einem Dosenöffner aufzumachen, und schob schmutziges Geschirr beiseite, damit er den Wasserkocher unter den Hahn stellen und Wasser einlassen konnte, um seiner Mutter einen Tee zu kochen.

Er fischte zwei schmutzige Teller aus dem Waschbecken und spülte sie ab. Dann stellte er den Backofen-Timer auf zwanzig Minuten.

Als er in das Hinterzimmer trat, traute er seinen Augen kaum. Seine Mutter hatte eine Ecke des Zimmers frei geräumt. Sie stand da, verschwitzt und in einem schlabberigen T-Shirt, das Haar auf ihrem Kopf zu einem Knoten gebunden, und blickte entschlossen drein. Sie hatte ein paar Zeitungen in eine Tüte gestopft. Sie hatte ein paar Mülltüten gefunden und mindestens zwei davon gefüllt. Sie war ganz außer Puste.

»Ich kann das«, sagte sie mit einem stolzen Lächeln auf den Lippen.

Marty sank das Herz in die Hose. *Nicht schon wieder*, dachte er.

»Ich habe hier schon fast aufgeräumt.«

Marty schaute sich um. Ja, da war ein kleiner, aufgeräumter Fleck, aber alles andere war noch genau so wie zuvor.

Seine Mutter machte das hin und wieder. Es war, als würde sie dann ein bisschen lebendig werden. Als wachte sie auf, schaute sich um und dachte: *Das ist verrückt*, und fing an aufzuräumen. Ja, das tat sie. Manchmal dauerte es einen Tag und manchmal eine ganze Woche, aber meistens nicht länger. Nach einer Weile war es, als würde der Nebel zurückkehren, ihr Körper wurde träger, und langsam, aber sicher kam das ganze Gerümpel zurück, manchmal sogar schlimmer als vorher.

»Was hältst du davon?«, fragte seine Mutter grinsend.

»Das ist toll«, log Marty.

»Ja, nicht wahr?« Sie schaute sich um, stemmte die Hände in die Hüften. »Dieses Mal werde ich alles in Ordnung bringen …«

Marty spürte, wie sich sein Magen zusammenkrampfte.

»Na klar«, antwortete er, nicht zum ersten Mal. »Übrigens, das Essen ist im Ofen.«

Seine Mutter nickte.

»Ich rufe dich, wenn es fertig ist.«

»Okay!«, sagte sie und machte sich mit leuchtenden Augen wieder ans Aufräumen.

Marty sah nach der Pastete. Er hatte sich früher über die ganze Sache sehr geärgert. Die Peinlichkeit, der Frust, der Wunsch, dass seine Mutter einfach nur normal war. Nur eine normale, langweilige Mutter, die herumnörgelte, dass er endlich sein Zimmer aufräumen sollte. Doch im Laufe der Jahre hatte Marty in seinem Kopf eine Art Raum geschaffen. Und er hatte alle Entschuldigungen wie »Sorry, du kannst nicht mit zu mir – meine Mutter ist nicht zu Hause« und »Entschuldigen Sie, ich habe mein neues Buch in der Bücherei vergessen« und »Ja, wir sind auch über den Sommer weggefahren« hineingestopft. Er hatte sie hineingestoßen und die Tür zugedrückt und war richtig gut darin geworden, nicht zu viel darüber nachzudenken.

Großvater hatte vor Jahren versucht, ihr zu helfen. Er war mit ein paar Freunden herübergekommen. Sie hatten einen Container gemietet, so ein großes, gelbes Behälter-Teil, und ein LKW-Kran-Dingsbums, um es in den Garten zu stellen. Sie hatten die Hintertür geöffnet und angefangen, Sachen herauszutragen. Seine Mutter war ihnen den ganzen Tag hinterhergelaufen, hatte die Hände gerungen und gesagt: »Nicht das! Nicht das!« und »Dafür habe ich noch Verwendung! Das ist total praktisch!« Marty konnte ja irgendwie verstehen, dass sie Bücher und solche Sachen behalten wollte. Aber wer um Himmels willen hatte Verwendung für sechs kaputte Heizstrahler oder einen Stapel Fensterrahmen, die nicht zusammenpassten? Er erinnerte sich, wie sie und Großvater sich angeschrien hatten. Lauter und lauter, bis alle Freunde von Großvater sich in ihre Lieferwagen gesetzt hatten. Damals hatten sie zum letzten Mal miteinander gesprochen. Großvater war seitdem nicht mehr im Haus gewesen und er fragte auch kaum noch nach Martys Mutter.

Der Timer klingelte. Marty fischte die Pastete mit einer Gabel heraus und verteilte sie auf zwei Tellern, dann lief er seitwärts den hinteren Flur entlang, wo seine Mutter sich nun erschöpft in ihrem alten Sessel niedergelassen hatte. Marty reichte ihr ihren Teller. Sie blies die Backen auf …

»Meine Güte, was würde ich ohne dich machen? Hm?«

Marty zuckte die Achseln und setzte sich auf den Stapel Zeitungen, auf dem er immer saß.

»Du bist wirklich ein Engel.«

Marty sah zu, wie sie zu essen begann, und sein Lächeln wurde immer schmaler.

Kapitel 3

Es waren immer die Kinder mit den neuen Turnschuhen, die damit anfingen. Sie waren die größten Unruhestifter der Schule und hatten eine Art Superspürsinn, wenn es um mögliche Opfer ging, da war Marty sich sicher. Sie spürten Kinder wie Marty im Unterholz herumkriechen und schlugen zu, wenn die es am wenigsten erwarteten. In der Essensschlange: »Ey, Stinker!« In der Pause: »Da ist Oskar aus der Mülltonne!« Und als Marty sein BMX-Rad vom Zaun losschloss, bevor er zum Schrebergarten radelte: »He, he! Funktioniert das Ding überhaupt? Da wärst du ja zu Fuß schneller, Kumpel!«

Die Lehrer sagten zu Marty, er solle sie ignorieren. Mr Garraway, der Beratungslehrer, hatte ihm empfohlen, keine »Aufmerksamkeit zu erregen«. Seine Mutter hatte gesagt, er solle einfach weggehen. Doch es war sein Großvater, der ihm den besten Rat gegeben hatte. Er hatte ihm beigebracht, sie im Flüsterton zu beschimpfen. Mit schrecklichen, haarsträubenden, beschämenden, üblen, grausamen, furchtbaren Schimpfwörtern. Wörter, die man NIEMALS laut sagen sollte. Wörter, die einem MÄCHTIG Ärger einbringen würden. Doch lustigerweise funktionierte es irgendwie. Ein bisschen so, als würde man seine Hände in eiskaltes Wasser halten, konnte man Sachen länger ertragen, wenn man einfach nur ganz leise für sich loslegte. Genau so, wie er es jetzt tat.

»Du weißt schon, dass du solche Wörter nicht benutzen solltest.«

Marty zuckte heftig zusammen.

»Woah!«, rief er. »Was fällt dir ein, dich einfach so anzuschleichen?«

Das Mädchen lächelte. Marty löste endlich mit einem Klappern das Vorhängeschloss von seinem Fahrrad.

»Das solltest du mal ölen«, sagte sie.

Sie hatte recht. Sie stand da und lächelte ihn einfach nur an, und plötzlich fand Marty sie ganz schön nervig.

»Woher wusstest du überhaupt, was ich sage?«, fragte er.

»Ich kann Lippenlesen.«

»Wie bitte? Hast du Superkräfte, oder was?«, erwiderte er ungeduldig.

»Also, wenn du gehörlos zu sein als Superkraft bezeichnest, dann ja.«

Martys Gereiztheit zerschmolz zu Mitleid.

»Oh«, murmelte er. »Tut mir leid.«

»Was tut dir leid?«, fragte sie. »Dass ich gehörlos bin? Oder dass du die Sozialkompetenz einer Bohne hast?«

Marty musste lachen. Sie schmunzelte, dann blickte sie ihn etwas strenger an.

»Du solltest nicht zulassen, dass sie so mit dir reden, weißt du?«

Marty zuckte die Achseln.

»Ich bin übrigens Gracie ...«, sagte sie.

»Ich bin Marty ...«, antwortete er.

Sie war Marty schon vorher aufgefallen. Vor ein paar Monaten war sie neu an die Schule gekommen. Und wie alle neuen Schülerinnen und Schüler war sie einen oder zwei Tage lang von neugierigen möglichen Freunden umringt gewesen, bevor das Interesse wieder abflaute, nachdem der Reiz des Neuen verflogen war. Obwohl sie im gleichen Jahrgang wie Marty war, ging sie in eine andere Klasse, daher begegneten sie sich nicht sehr oft. Wie er sie nun so anschaute, sah sie aus wie viele seiner Mitschülerinnen. Braune Haare. Ein paar Sommersprossen. Nicht dick. Nicht dünn. Nicht groß. Nicht klein. Sozusagen mittelnormal. Das einzig Ungewöhnliche an ihr, was ihm bisher noch nie aufgefallen war, war etwas in ihrem Ohr, das wie ein Hörgerät aussah, und ein knopfförmiges Ding in ihrem Haar.

Gracie unterbrach seine Gedanken. »Und du solltest auch nicht starren.«

»Ich habe nicht gestarrt.«

»Doch, hast du. Du bist ein schlechter Lügner. Oh Mann, du bist echt eine Katastrophe, oder?«

Sie lächelte ihn immer noch an. Er wurde wieder sauer.

»Ich muss jetzt wirklich los, okay?« Er wendete sein Fahrrad. Es kam ihm sowieso meistens schon so vor, als ob sein Kopf zu riesig für seine schmalen Schultern war und seine Kleidung zwei Größen zu groß und dass seine Haare, die er sich vor dem Badezimmerspiegel selbst schnitt, schief waren; doch vor ihr zu stehen, machte das alles noch schlimmer. »Bis später dann«, sagte er und wandte sich ab.

»Vielleicht«, sagte sie. »Viel Spaß im Schrebergarten.«

»Warte mal. Woher weißt du vom ...« Er wandte sich um, doch sie ging schon davon.

Marty roch den Gestank bereits einen halben Kilometer, bevor er den Schrebergarten erreichte. Seine Wangen brannten, und er wusste sofort, was los war. Jedes Jahr im Frühjahr klapperte Großvater die Hintertüren der Fischhändler auf der Old Barley Road ab und sammelte einen Eimer voll stinkiger, widerlicher, ekliger Fischinnereien und Knochen und Köpfe von ihnen ein. Je fauliger und übelkeiterregender sie waren, desto besser. Er lächelte und trug seinen Eimer mit Pampe den ganzen Weg durch die Stadt zurück, grüßte alle mit einem fröhlichen »Guten Morgen«, wenn er vorbeikam, und kicherte vor sich hin, wenn er sie hinter sich würgen hörte. Dann, am Schrebergarten angekommen, verstreute er alles großzügig, sodass es einen Gestank entfaltete, bei dem die Vögel auf den nächsten Bäumen in Ohnmacht fielen und allen Nachbarn übel wurde. Nicht selten schimpfte einer verärgert und grün im Gesicht über den Zaun.

»Wo warst du denn nur, Marty, mein Junge? Du bist spät dran! Schnell! Komm, komm, mein Junge!«

Marty stieß das Tor auf.

»Ja. Ich glaube, ich kann schon erraten, was du gemacht hast, Großvater.«

»Alles ist schon gut und gründlich durchgeweicht!«, sagte Großvater mit seinem üblichen Zahnlücken-Grinsen.

Nachdem er die graue, Brechreiz verursachende

Mischung überall verteilt hatte, füllte er den Rest in eine Flasche und schwor darauf, dass es der weltbeste Bodendünger sei.

Das Stadtzentrum war einst reich gewesen, was an der Größe der Häuser und Banken in der Stadtmitte zu erkennen war, doch nun schien es zu verkümmern. Fabriken waren geschlossen und die großen Häuser abgerissen und durch kleine Wohnungen ersetzt worden. Die Läden auf der Hauptstraße machten zu, und die einzigen großen Häuser, die noch übrig waren, waren die dreistöckigen Villen, die den Rand der Schrebergartenanlage säumten.

Großvaters Schrebergarten war ungefähr neun Meter lang und drei Meter breit. Nicht besonders groß. Marty war immer verblüfft darüber, wie viel Essen Großvater anbauen konnte. Er pflanzte Kartoffeln und Stangenbohnen und Zucchini und Kürbisse. Er zog natürlich immer Erbsen und Möhren und auch Zwiebeln und Rote Bete. Er tauschte Gemüsesamen mit John Trinidad, seinem Nachbarn im Schrebergarten, und hatte Salat und Wurzelgemüse, von dem er nicht mal den Namen kannte. Sadiq, drei Gärten weiter, gab ihm die Samen von Kräutern und anderem Grünzeug, das mit seinen vielen Blättern fast schon tropisch aussah, und von Chilis, die so scharf waren, dass sie einem den Kopf wegbliesen. Colin, der von Beruf Milchmann war, werkelte ständig herum und baute die hübschesten Dahlien an, die man je gesehen hat.

Die Schrebergartenanlage war tatsächlich wie ein kleines Dorf am Rande der Stadt, wo man sich für ein kleines Stück Land eintragen konnte, mit dem der Stadtrat nichts anzufangen wusste. Und obwohl alle eine andere Sprache sprachen, anders aussahen und andere Sachen anbauten, hatten sie doch zwei Dinge gemeinsam: 1. Sie waren alle knapp bei Kasse und froh, etwas zusätzliches Essen anzubauen. Und 2. Keiner hatte die Freude daran verloren, etwas, das er gepflanzt hatte, wachsen zu sehen.

Marty musste immer darüber schmunzeln, wie sie sich alle gegenseitig halfen und dennoch geheime Tricks für sich behielten, die sie NIEMALS miteinander teilen würden. Bei allem gab es das, was Großvater einen »gesunden Wettbewerb« nannte.

Alles, was Großvater brauchte, um den Boden zu bearbeiten, war im Gartenschuppen verstaut. Werkzeuge (alt und geborgt), ein paar Umschläge, um Samen zu lagern, Holzstiegen, um Gemüse zu überwintern, und ein großes Buch, in dem Großvater aufschrieb, was er wo jedes Jahr angepflanzt hatte. Wenn man Pflanzen Jahr für Jahr an die gleiche Stelle setzte, dann entstanden Krankheiten und Schädlinge im Boden und würden alles kaputt machen, egal, was man pflanzte. Darum pflanzte Großvater die Setzlinge jedes Jahr woanders, er bewegte sie hin und her, wie bei einem riesigen, gut durchdachten Brettspiel. Manchmal, wenn der Fischdünger nicht wirkte, streute er Asche vom Feuer auf den Boden, und wenn das nicht half, machte er einen Sud aus Brennnesseln. Die ließ er (zusammen mit ein paar Geheimzutaten) in einem Eimer mit Wasser wochenlang verrotten, um eine stinkige, schleimige, grün-schwarze Jauche herzustellen, die sich perfekt dazu eignete, saftiges Gemüse zu züchten.

Und nun, im späten April, sah der Schrebergarten leer aus, die Saatbeete und der Boden waren ganz kahl, doch es gab immer noch eine Menge an Vorbereitung und Planung zu erledigen. Großvater sagte immer, dass dies der Zeitpunkt sei, um sich ins Zeug zu legen, damit man später die Belohnung bekam, selbst wenn an der Oberfläche nicht viel zu passieren schien.

Heute hatte er eifrig einen Platz für Martys Samen frei gemacht und wuselte herum, wobei er den üblen Gestank, der über allem hing, gar nicht wahrzunehmen schien.

»Er bekommt den schönsten Platz an der Sonne«, sagte Großvater stolz.

Den ganzen Tag hatte er gejätet, gehackt und geharkt, und – zugegeben – das Saatbeet sah gut genug aus, um darin zu schlafen. Dann holte er seinen

Emaillebecher. Darin war der Samen. In Wasser eingeweicht.

»Ertränkst du ihn?«, fragte Marty.

Großvater schmunzelte. »Ich wecke ihn auf.«

Dann nahm er den schleimigen Samen heraus und ließ ihn in Martys Hände gleiten.

»Mach du es.« Er sah aus, als würde er gleich Zeuge eines magischen Spektakels, und seine Augen wurden groß wie die von einem kleinen Kind, das beim Zirkus in der ersten Reihe saß.

»Ich?«

»Ja! Es ist deiner. Spitzes Ende nach unten.«

»Wie tief rein?«, fragte Marty.

»Fünf Zentimeter«, sagte Großvater.

Marty trat zum Saatbeet.

»In die Mitte! Lass ihm viel Platz zum Wachsen!«

Marty hielt den Samen einen Moment lang fest und spürte den dicken Bauch zwischen seinen Fingern. Dann kniete er sich hin, suchte eine Stelle aus und schob ihn langsam, mit dem spitzen Ende nach unten, in den krümeligen Boden. Als seine Nase sich der Erde näherte, nahm er einen Hauch von Fisch und Brennnesseln und Gott weiß was sonst noch wahr. Großvater beobachtete ihn gebannt. Marty sah zu, wie der Samen in der dunklen Erde verschwand, doch als seine Finger ihn hinunterdrückten, passierte etwas Außergewöhnliches. Für

den Bruchteil einer Sekunde war er sich sicher, dass er ihn aufleuchten sah. Seine Finger spürten einen plötzlichen heißen Blitz, der durch seine Hand und dann seinen Arm fuhr wie ein Elektroschock. Hastig zog er die Hand zurück.

»Was ist los?«, fragte Großvater.

Marty sprang mit klopfendem Herzen auf.

»Marty?«

Marty schüttelte den Kopf. Das war doch lächerlich. Er umfasste seine Finger mit der anderen Hand. Das hatte er sich bestimmt eingebildet. Er schaute seinen Großvater an.

»N-n-nichts«, stammelte er. »Nichts …«

»Gut«, sagte Großvater und klatschte in seine faltigen Hände. »Jetzt deck ihn zu und sag Gute Nacht! Sollen wir ihm ein Schlaflied singen?«

»Nein!« Marty lächelte zerstreut und klopfte sanft etwas geharkte Erde über dem Samen fest.

Großvater schlug ihm auf die Schulter und strahlte. »Du und ich, wir werden so viel Spaß haben!« Dann ging er in den Schuppen, um den Wasserkessel aufzusetzen.

Marty wischte sich die erdigen Hände an der Hose ab, während seine Finger immer noch von der Berührung des Samens kribbelten.

Kapitel 4

Marty träumte gerade von dem Samenkorn, als ihn plötzlich ein Geräusch weckte. Um ehrlich zu sein, war es in Martys Haus ziemlich normal, um drei Uhr morgens ein Rumpeln zu hören. Viel brauchte es dafür nicht: Ein Luftstoß, der durch ein offenes Fenster kam, oder das Vibrieren eines vorbeifahrenden Lasters reichten aus, um einen Papier- oder Kartonstapel ins Rutschen zu bringen. Seine Mutter versuchte immer, Dinge sorgfältig und sicher zu verstauen – aber hin und wieder gab etwas nach, und dann war es ein bisschen so wie in den Domino-Videos. Ein Stapel schlug gegen einen anderen, und plötzlich rutschte der Inhalt eines halben Zimmers zur Seite. Manchmal wachte Marty schweißgebadet auf, weil er geträumt hatte, er würde unter einem riesigen Haufen Krempel ersticken.

Heute Morgen stand er auf, zog seine Hose an (er schlief immer in seinem Schul-T-Shirt, Socken und

Unterhose) und bahnte sich einen Weg durch den engen Flur bis zum Zimmer hinter der Küche.

Marty konnte es kaum fassen. Das ganze Zimmer war leer geräumt. Das ganze Hinterzimmer. Der Teppich war zwar übel zugerichtet – überall Schmutz und Flecken –, aber sonst war nichts drin. Nur seine Mutter und ihr Stuhl. Und ihr alter Plattenspieler. Das hatte sie noch nie geschafft. Das ganze Zeug war in Tüten verpackt und vor die Hintertür gestapelt, bis hinauf zum Dach. Sie hatte sogar eine kleine Decke auf dem Boden ausgebreitet und eine Art Frühstückspicknick vorbereitet. Wenn man ein paar Tüten Chips und etwas Saft denn so nennen konnte.

»Happy Birthday, Marty!«, rief sie.

Einen Moment überlegte Marty, ob er ihr sagen sollte, dass sein Geburtstag schon vorbei war, doch dann beschloss er mitzuspielen.

»Danke, Mum!«

»Was denkst du?!«

»Ich … Ich weiß nicht, was ich sagen soll …«, gab Marty zu. »Bist du etwa die ganze Nacht auf gewesen?«

»Fast«, erwiderte sie. »Ich mache einen tüchtigen Frühjahrsputz! Komm, setz dich …« Sie klopfte auf den Boden neben sich.

Marty ließ sich zögernd nieder.

»Guten Appetit …«, sagte sie feierlich, warf ihm eine Chipstüte zu und öffnete eine für sich selbst.

»Fühlt sich total komisch an, oder?«, fragte sie, den Mund voller Chips.

Es fühlte sich komisch an. Und riesig. Der Raum wirkte echt gewaltig. Das war er natürlich nicht, aber da er so vollgestopft gewesen war, machte es einfach den Eindruck.

»Hör mal, es gibt sogar eine Art Echo … MRS PRITCHARD VON NEBENAN IST EINE NERVENSÄGE!«, rief sie, so laut sie konnte.

Marty lachte. »Mum!« Doch sie hatte recht. Es gab eine Art Echo. »Mrs Pritchard ist schon ganz in Ordnung …«

»Nein, ist sie nicht«, sagte Mum. »Sie beschwert sich die ganze Zeit beim Stadtrat über mich.«

Dann schaute sie furchtbar schuldbewusst drein, und Marty sackte das Herz in die Hose, während er sich fragte, wohin das alles führen sollte. Sie rutschte auf dem Po hin und her und zog schließlich einen Brief aus der Gesäßtasche ihrer Jeans.

»Bitte sei nicht böse …«, bat sie. Das war nie ein guter Anfang, fand Marty. »Ich wollte dir das letzte Woche schon zeigen.«

Marty nahm den Brief. Er war zerknittert und mehrmals gefaltet. Er strich ihn auf seinem Oberschenkel glatt.

»Sie … sie schicken jemand vom Gesundheitsamt her.«

Marty ließ die Schultern hängen. Irgendwie hatte er gewusst, dass es einen Grund für den plötzlichen Aktionismus seiner Mutter geben musste. Doch er hatte gehofft, dass sie es vielleicht selbst so gewollt hatte und nicht dazu gezwungen war. Es waren ständig Leute mit Klemmbrett zu ihnen gekommen. Besonders, als er noch klein gewesen war. Und, um ehrlich zu sein, war das Haus wahrscheinlich nie besonders kinderfreundlich gewesen. Er hatte gespielt, dass er ein Rennauto war, das durch die engen Flure flitzte und an dem schnellsten Rennen der Welt teilnahm. Die Klemmbrett-Leute machten sich Sorgen wegen Ratten und Gestank, aber Marty hatte nie ein Problem mit Ratten und Gestank. Es waren die Kinder aus der Straße, die mit Steinen warfen, und der wütende Mann mit dem roten Gesicht, der ständig über die Gartenmauer schrie, über »Sauerei« und dass sie »den Wert der anderen Grundstücke verdarb«, mit denen Marty mehr Probleme hatte.

Marty nahm den Brief und begann zu lesen. Er überflog ihn schnell. Sie hatten gewusst, dass dieser Tag kommen würde. Im Laufe der Zeit waren aus Mahnungen die Androhungen von rechtlichen Schritten geworden. Und die Androhungen von rechtlichen Schritten hatten dazu geführt, dass Marty immer an die Tür gehen musste, für alle Fälle, um zu sagen, dass seine Mutter nicht zu Hause war. Das war gelogen, denn seine Mutter verließ kaum mehr das Haus. Aber es war weiter nie etwas passiert. Bis jetzt …

»Oh Gott, Mum, sie kommen ja schon nächste Woche …«

Seine Mutter zuckte die Achseln. »Wir haben noch viel Zeit.«

»Das ist die letzte Verwarnung, Mum. Sie schmeißen uns raus und was machen wir dann?«

Seine Mutter tat so, als hörte sie ihn nicht. »Wir haben es doch fast geschafft! Nur noch ein paar Sachen …«

»Ein paar Sachen?«

»Sprich nicht in diesem Ton mit mir, Marty.«

»Ich habe nicht … es ist nur …«

Das Gesicht seiner Mutter war wieder versteinert. Ihre Augen waren kalt und sie schaute zur Seite.

»Ist es übrigens nicht Zeit für die Schule?«

Sie hatte recht. Marty war spät dran. Er stand auf.

»Hör zu, Mum, ich wollte nicht … Es ist nur so viel Arbeit … und wir haben nur eine Woche …«

Er sah, dass der Nebel ihr Gesicht schon wieder verhüllte.

»Ich gebe mir Mühe, das weißt du …«

Martys Magen verkrampfte sich. »Ich weiß … Ich weiß … und, wie du schon sagst, wir haben noch etwas Zeit …«

»Na vielen Dank auch für den Fischgestank.«

Marty fiel alles aus dem Gesicht. »Wie bitte?«

Es war wieder Gracie, das nervige Mädchen.

»Dank eures Schrebergartens stinken meine Klamotten, mein Mantel, einfach *alles* nach Fisch …«

»Was? Wo?« Er beobachtete, wie sie sich setzte.

»Ich wohne hinter den Schrebergärten«, erklärte sie ihm ganz langsam, so als hätte er genau dreieinhalb Hirnzellen. »Ich habe mein Schlafzimmerfenster letzte Nacht offen gelassen, und jetzt stinkt alles in meinem Haus nach Fisch …«

Marty begann, sich eine Verteidigung zurechtzulegen.

»Versuch gar nicht erst zu behaupten, du warst das nicht, denn ich habe dich dort gesehen – und deinen Onkel? Großvater?«

Marty ließ schicksalsergeben die Schultern hängen. »Großvater …«

Am liebsten wäre er geschrumpft. Geschrumpft und vom Erdboden verschwunden.

»Übrigens …«, sie beugte sich zu ihm rüber und

schnupperte an der Schulter von Martys Pulli, »nur dass du's weißt, du riechst auch nicht so gut.«

Marty hob den Arm an seine Nase und sog tief die Luft ein. Dieser Tag konnte nicht mehr schlimmer werden. Er hatte sein Mittagessen rasch heruntergeschlungen und dabei kaum etwas geschmeckt. In Gedanken war er nur bei seiner Mutter und grübelte darüber nach, wie sie ein ganzes Haus innerhalb weniger Tage ausräumen sollten. Und jetzt stank er zu allem Überfluss auch noch nach Fisch …

»Er ist mein Großvater. Er macht Fischschleim und hat mir zum Geburtstag so einen seltsamen Samen geschenkt, und er will unbedingt, dass er wächst, und …« Marty merkte, dass Gracie ihn komisch anschaute.

»Ähm, tja, macht nichts«, murmelte sie.

Eine Weile saßen sie still da und stanken einfach nur nach Fisch.

»Du musst ja ziemlich vornehm sein …«, sagte er schließlich.

»Was?«

»Wenn du in einem dieser Häuser wohnst? Die sind riesig.«

Sie zuckte die Achseln. »Sie sind ganz okay.«

Marty wusste, dass er nicht fragen sollte, doch die Worte verließen seinen Mund, bevor sein Gehirn in die Gänge kam.

»Also, wie funktioniert denn das Ding eigentlich?« Er deutete mit dem Kinn auf Gracies Cochlea-Implantat.

Sie verdrehte die Augen. »Deine Umgangsformen sind wirklich beeindruckend.«

»Ich meine, die Gehörlosigkeit. Wird die dadurch repariert?«

»Ich brauche doch keine Reparatur, vielen Dank auch …«

»Ähm, also, ja, das weiß ich. Es ist nur …« Marty gingen die Worte aus. Sie hatte ein Händchen dafür, seine Gedanken auf seltsame Wege zu lenken.

Gracie war einen Moment still.

»Der Sprachprozessor hinter meinem Ohr verwandelt Geräusche in elektrische Signale, und das hier …«, sie zeigte auf das knopfartige Ding, »ist eine Sendespule …«

Sie schob ihre Haare zurück.

»Sie wird von einem Magneten gehalten, darum kann ich sie abnehmen, wenn ich will.«

Marty sirrte der Kopf.

»Das ist … ziemlich cool …«, stammelte er.

Gracy musterte ihn amüsiert.

»Es ist nicht perfekt«, sagte sie schließlich. »Ich kann es auch ausstellen, das mache ich manchmal, besonders in Mathe … oder wenn echt blöde Leute um mich rum sind …«

Marty lachte. Das tat er nicht oft in der Schule. Für ihn hieß es hier immer nur: rein und möglichst schnell wieder raus. Früher hatte er versucht, ein paar Freunde zu finden. Einige der anderen Kinder waren eigentlich ganz nett. Allerdings spielten sie gern zusammen Computerspiele, und so was hatte Marty nicht. Oder sie besuchten sich an den Wochenenden zu Hause. Marty konnte nie jemanden einladen, darum verliefen alle seine Bemühungen mit ihnen irgendwann einfach im Sand.

»Es hat geklingelt …«, sagte Marty.

»Ich weiß.« Sie sah ihn freundlich an.

Marty stand auf. »Ich habe eine Doppelstunde Mathe …«

»Ich muss auch in die Richtung …«

Marty trat von einem Fuß auf den anderen. »Also, dann könnten wir auch zusammen gehen …«, schlug er vor, als Gracie aufstand. »Da wir eh beide stinken …«

Gracie ging an ihm vorbei und murmelte: »Und dann auch noch diese entzückende Ausdrucksweise.«

Kapitel 5

»Was meinst du?«

Martys Magen schlug einen Salto. Es war phänomenal. Noch nicht mal eine Woche war vergangen, doch der Samen hatte bereits gekeimt. Er hatte sich aufgespalten und lange, weiße Wurzeltriebe ausgestreckt, die sich in den Boden gruben. Am oberen Ende waren zwei Blätter in die Höhe geschossen. Dreieckig und von einem tiefen Grün. Marty streckte die Hand aus, und als er sie berührte, spürte er, wie es tief in seinem Bauch kribbelte.

»Das sind die Keimblätter«, erklärte Großvater, der ihn beobachtete. »Sie versorgen die Wurzeln mit Energie, bis die Pflanze richtig loslegt …«

»Aber sie ist so schnell gewachsen!«, rief Marty.

Großvater strahlte.

»In der Tat! In der Tat!« Er hüpfte herum und klatschte in die Hände. »Aber das ist noch gar nichts, mein Junge!«

»Was um Himmels willen ist es denn nun für eine Pflanze?«, fragte Marty. »Komm schon, du MUSST es mir jetzt sagen ...«

Großvater genoss die Situation und tippte sich geheimnisvoll an den Nasenflügel.

»Du wirst schon sehen ...«

»Oh, bitte?«

»Nö, tut mir leid, Kind. Und nun los«, sagte Großvater. »Ich meine, los und mach Tee für deinen alten Großvater.«

Marty wandte sich widerstrebend von der Pflanze ab und ging zum Schuppen.

Er hatte darüber nachgedacht, ob er Großvater von seiner Mutter erzählen sollte. Von dem Brief des Stadtrats. Davon, wie sie aufgeräumt hatte. Dass selbst die Küche jetzt ganz passabel aussah. Sie hatte alle Tüten mit Gerümpel in den Garten hinterm Haus getragen und unter dem Teppich aus dem Hinterzimmer versteckt. Den hatte sie herausgerissen, weil er so fleckig und furchtbar ausgesehen hatte. Er spürte ein winzig kleines bisschen Stolz und wünschte sich, sie würde beweisen, dass ihr Vater unrecht hatte. Doch Marty brachte es nicht über sich, ihm alles zu erzählen. Falls doch noch etwas dazwischenkam.

Marty setzte den Kessel auf, fischte ein paar Teebeutel hervor und schaute auf die Weltkarte, die

Großvater an der Innenwand des Gartenschuppens befestigt hatte. Der Erdkundelehrer in der Schule hatte eines Tages die glorreiche Idee gehabt, eine Weltkarte an die Rückseite der Klassenzimmertür zu hängen. Dann hatte er alle aufgefordert, mit kleinen Sternen die Orte zu markieren, an denen sie schon mal gewesen waren. Sinn dieser Übung war zu sehen, wie viele Orte die Schüler der 9d insgesamt besucht hatten, sodass sie etwas darüber lernen konnten. Marty vermutete, dass Mr Philpott wahrscheinlich gute Absichten damit verfolgt hatte. Helena war zum Skilaufen in den Alpen gewesen. Thomas' Familie lebte in Kanada, also klebte er einen Stern dorthin. Cassie war schon fast überall gewesen, denn ihr Vater hatte ein Haus in Amerika und sie reisten von dort aus herum. Marty zögerte, bevor er einen Stern über die Stadt Brighton klebte. Sein Großvater hatte ihn einmal dorthin mitgenommen. Nur für einen Tag, und es hatte so lange gedauert, mit dem Bus hinzufahren, dass sie nur ein paar Stunden hatten, um den königlichen Pavillon zu sehen und ein Eis zu kaufen, bevor sie wieder nach Hause mussten.

Großvaters Karte war schäbiger und an den Rändern aufgerollt wegen der Feuchtigkeit, doch er hatte seine Initialen an die Orte geschrieben, die er besuchen wollte. Paris. Italien. Es waren auch Fotos

von ihm an die Schuppenwand gepinnt. In seiner alten Bahnuniform. Jahrelang war er in direkter Linie zwischen Städten hin- und hergefahren, daher war es vielleicht einleuchtend, dass er nun, wo er in Rente war, seinen eigenen Weg gehen wollte.

Seine Großmutter hatte Marty nie kennengelernt. Großvater war fünf Jahre mit ihr verheiratet gewesen, bevor Martys Mutter geboren wurde, und dann war alles irgendwie schiefgegangen. Großvater schmiedete immer Pläne und startete Projekte, die am Ende nicht funktionierten oder sie sogar noch

Geld kosteten. Doch sie mussten Miete zahlen und seine Großmutter machte Überstunden, und Marty konnte sich vorstellen, dass sie die Nase irgendwann voll hatte von seinem Großvater.

Doch eine Sache, die Großvater sehr gut konnte, war, einfach da zu sein. Nur am Rand von Martys Sichtfeld. Wie ein beständiger Punkt, der allem eine Perspektive gab. Außerdem erzählte er ihm Geschichten, nicht aus Büchern, sondern aus dem Kopf. Alberne, wundervolle Geschichten.

»Was macht der Tee?«

Großvater zog seine Gartenhandschuhe aus. Marty reichte ihm seinen Emaillebecher und fragte sich, warum jemand beschloss, einen Becher aus einem Material zu machen, das zum Fingerverbrennen heiß war. Großvater spähte über Martys Schulter auf die Karte.

»Eines Tages, mein Sohn, reisen wir nach Paris … schauen uns diesen Turm an, den du immer sehen wolltest …«

»Glaubst du, er ist so schön, wie er auf den Bildern aussieht?«, fragte Marty.

Er hörte den rauen Atem seines Großvaters hinter sich. »Ich schätze, er ist sogar noch schöner.«

Marty lächelte. Seitdem er alt genug war, um zu wissen, dass das Modell, das sein Vater ihm geschenkt hatte, von einem echten Ort, einem echten

Turm war, hatte er ihn immer besichtigen wollen. Er erinnerte sich nicht gut an seinen Vater. Es waren fast nur Erinnerungsfetzen. Das raue Kratzen seines Kinns, wenn er ihn küsste. In die Luft geworfen und wieder aufgefangen zu werden. Wie seine Eltern sich anschrien. Doch er erinnerte sich daran, wie sein Vater ihm an seinem vierten Geburtstag das Modell des Eiffelturms in die Hand drückte. Und sagte, seine Liebe zu ihm sei so hoch wie ein Turm. Keine Erklärung. Nichts. Das war das letzte Mal, dass er seinen Vater gesehen hatte. Und Marty fragte sich oft, wie Liebe so hoch wie ein Turm sein und dennoch verschwinden konnte. Und im Laufe der Jahre war sein Verlangen, den Turm zu sehen, mehr und mehr und mehr gewachsen. Manchmal, wenn Marty im Bett lag und das Gewicht all der Dinge auf sich spürte, dachte er daran, den Turm hochzusteigen. Stufe für Stufe. Er ging hoch, hoch, hoch in die Welt hinauf.

»Komm, mein Junge.« Großvater zog an seiner Schulter.

»Und wie sollen wir nach Paris kommen, wenn wir uns nicht mal das Busticket bis zur Stadt leisten können?«, fragte Marty, während er ihm hinaus in den Garten folgte.

Großvater tippte sich mit dem Finger an den Nasenflügel.

»Mach dir um solche Dinge keine Sorgen – das sind nur Details. Details. Unwichtige kleine Details.«

Großvater setzte sich ächzend hin.

»Also, was macht die Schule?«

Marty schwieg unschlüssig.

»Fluchst du immer noch lautlos über diese Kinder?«

»Yep.«

»Guter Junge … Und hast du irgendwelche Freunde gefunden?«

Marty zögerte.

»Vielleicht …«

Großvater schob seinen Filzhut zurück und hob die Augenbrauen. Ein Lächeln huschte über sein Gesicht.

»Na, das ist gut – wirklich gut … Wie heißt er?«

»*Sie* heißt Gracie …« Marty schaute dabei auf seine Füße.

»Gracie?«, fragte Großvater nachdenklich.

»Ich habe gedacht, dass sie vielleicht vorbeikommen und sich den Samen anschauen könnte, vielleicht … ich meine, es ist egal. Ich habe sie noch nicht gefragt oder so …«

»Das wäre entzückend«, sagte Großvater, offensichtlich erfreut. »Es gibt nur ein Problem …«

Marty runzelte fragend die Stirn.

»Was?«

»Du musst ihr sagen, dass sie ihre eigene Tasse mitbringen soll …«

Gracie kam nach Hause und rief eine Begrüßung, für alle Fälle, wie sie es immer tat.

»Ich bin hier!«, antwortete eine zerstreute Stimme.

Gracies Miene hellte sich auf. Sie warf ihre Schlüssel auf den Beistelltisch und ließ die Tasche auf den Boden fallen. Der Flur war groß, mit einer hohen Decke und kalten, geometrischen Fliesen. Alle Wände waren weiß gestrichen. Ihr Vater arbeitete an seinem Laptop am Küchentisch. Er schaute nicht auf.

»Ich hätte nicht gedacht, dass du da bist.« Gracie blieb in der Küchentür stehen.

Ihr Vater tippte weiter.

»Bin ich auch nicht. Nicht wirklich. Ich habe nur vorbeigeschaut, um ein paar Akten zu holen. Ich bin nur ein Phantom.«

Gracie lächelte ihren Vater still an, dessen Augen am Bildschirm klebten.

»Wie war die Schule?«, fragte er.

Gracie zuckte die Achseln.

»Es war okay …«

»Wie geht's Poppy und deinen anderen Freunden?«

Gracie musterte ihn. Es war immer einfach zu lügen, wenn einem niemand in die Augen schaute.

»Gut.«

Gracies Vater tippte seine letzte Nachricht und machte den Laptop zu. Er nahm die Brille ab.

»So, das wäre geschafft.«

Er schaute auf die Uhr und blies die Backen auf.

»Im Kühlschrank steht was zu essen.«

Gracie wurde das Herz schwer. Sie wusste, was das hieß. Jetzt würden die Verhandlungen beginnen.

»Es macht dir doch nichts aus, wenn ich heute Abend mit Louise esse, oder?«

Gracie kam ganz gut mit ihrem Vater klar. Nur sprach er manchmal mit ihr wie mit einer Erwachsenen. Vielleicht war es komisch, sich darüber zu beschweren, da die meisten Kinder gern etwas öfter ernst genommen würden, aber es war fast so, als ob ihr Vater schon damit aufgehört hätte, nun ja, ein Vater zu sein.

»Nein, ist in Ordnung.«

»Du bist alt genug, um auf dich aufzupassen, nicht wahr?«

»Klar.«

»Ich bin direkt am anderen Ende der Telefonleitung.«

Gracies Mundwinkel zuckten, als ihr Vater seinen Computer in die Hülle schob, sich erhob und schwungvoll sein Jackett vom nächsten Stuhl nahm. Er schlüpfte in die Ärmel und richtete seinen Kragen.

»Du weißt, dass ich das für uns tue, nicht wahr?«

Gracie nickte. »Ich weiß.«

»Ein neues Geschäft zu gründen, braucht Zeit … aber es ist eine Investition. In unsere Zukunft …«

Gracie lächelte.

»Musst du noch Hausaufgaben machen?«, fragte er.

Gracie nickte.

»Dann fang mal an …«, schlug er vor.

Er beugte sich zu ihr hinab und küsste sie auf den Kopf.

»Bist du schon wieder gewachsen?«, fragte er noch, dann war er weg.

Gracie sah, wie die Tür hinter ihm zufiel, und setzte sich auf das quietschende Ledersofa, von dem aus man einen Blick auf die Schrebergartenanlage hinter dem Garten hatte. Die karge Schlichtheit des Zimmers stand in direktem Kontrast zu dem chaotischen, urwaldartigen Flickenteppich aus Leuten und Pflanzen dort draußen. Ihr Vater hatte den Rasen entfernen lassen und durch Kunstrasen ersetzt, mit scharfen Kanten. Abgezirkelt. Unnatürlich.

Sie war alt genug, um sich selbst zu »verpflegen«. Das wusste sie. Manchmal wollte sie das nur einfach nicht. Ja, ab und zu ging ihr Vater schick mit ihr aus. Doch manchmal sehnte sie sich danach, Pizza auf dem Boden vor dem Fernseher zu essen und mit ihm zusammen Cartoons zu schauen. Es war, als würde er mit Gracie ständig darüber verhandeln, wie wenig sie ihn brauchte. Sie wurde geliebt. Das wusste Gracie, doch seit ihre Eltern geschieden waren, hatte ihr Vater seine ganze Zeit in dieses neue Geschäft gesteckt und immer größere und größere Häuser gekauft, so wie dieses hier, in dem man fast verloren ging. Und um ehrlich zu sein, sah sie ihn fast nie. Ihre Mutter rief jeden Tag an oder schrieb ihr Nachrichten, doch seitdem sie wieder geheiratet und Kinder mit Jeffrey hatte, zog Gracie die Stille von den Häusern ihres Vaters sogar dem Chaos bei ihrer Mutter vor. Ihre Eltern sprachen nicht mehr miteinander, nur über den Anwalt, und beide waren überhöflich, wenn sie zu Gracie voneinander sprachen. Manchmal wünschte Gracie sich, sie würden losschreien. Lügen. Mit Dingen werfen. Weinen. *Irgendwas* tun. Doch sie waren einfach nur furchtbar, furchtbar *nett*.

Gracie schaute auf die Schrebergärten. Es dämmerte langsam, die Schatten wurden länger. Sie hatte den Nachmittag mit Informatikunterricht verbracht und sich danach gesehnt, das eintönige Gerede des Lehrers möge endlich enden. Nachdem sie dann vergeblich auf Marty gewartet hatte, war sie schließlich allein nach Hause gegangen. Sie spürte die Knoten im Nacken, weil sie so angespannt versucht hatte, dem Unterricht zu folgen. Obwohl ihr die Lehrer am Ende jeder Stunde extra Zeit ließen, um zu verarbeiten, was sie gemacht hatten, war es immer noch mühsam. Ihr Vater war sehr darauf bedacht gewesen, dass sie eine »normale« Schule besuchte. Was auch immer das hieß. Soweit sie beurteilen konnte, hatte sie dort bisher noch niemanden kennengelernt, der besonders »normal« war. Er war immer so unterstützend, so darauf bedacht, dass ihre Gehörlosigkeit sie nicht »aufhalten« sollte, dass er sie drängte. Sehr sogar. Ihr Kopf war ganz schwer von den Worten und Sätzen und den Gedanken. Also beschloss Gracie, ihn auf die einzige Art freizubekommen, die sie kannte. Sie schleuderte ihre Schuhe und den Pulli davon. Setzte sich aufs Sofa und zog sich die Socken aus. Der Marmorboden war kalt unter ihren Füßen. Sie verlagerte ihr ganzes Gewicht auf das Sofa und schob es nach hinten, damit sie Platz hatte, um sich zu bewegen. Dann stellte sie Musik am Bluetooth-Lautsprecher ein, drehte die Lautstärke auf zehn hoch, schaltete ihren Prozessor aus und stellte sich mitten ins Zimmer. Sie spürte. Spürte. Sie atmete aus, langsam zog ein Lächeln über ihr Gesicht, als sie fühlte, wie die Musik ihren gesamten Körper durchströmte.

Kapitel 6

Marty hatte drei Packungen extrastarke Müllbeutel gekauft. Die billigen aus dem Ein-Euro-Laden taugten einfach nichts. Er hatte beschlossen, hinten im Flur anzufangen. Er füllte immer zwei Säcke auf einmal und fuhr sie dann mit dem Fahrrad den ganzen Weg zur Müllkippe, indem er sie an die Griffe seines BMX-Rads band. Wenn er dann dort war, auf der anderen Seite der Stadt, warf er sie über die Mauer der Müllkippe, da man unter sechzehn Jahren keinen Zutritt hatte. Was ziemlich blöd war, aber so lauteten nun mal die Regeln, und es gab einen hinterhältigen kleinen Mann in einer Warnweste, der versuchen würde, ihn abzufangen.

Bis jetzt hatte er acht Säcke weggebracht, aber um ehrlich zu sein, war in dem Durcheinander zu Hause noch überhaupt keine Besserung erkennbar. Seine Mutter konzentrierte sich darauf, die Küche auszusortieren. Doch jedes Mal, wenn sie einen

Fortschritt machte, schien noch mehr Krempel aufzutauchen. Es war wie verhext: Je mehr Dinge man wegräumte, umso mehr fand man.

Das Schlimmste an der ganzen Sache aber war, dass er auf dem Weg zur Müllkippe durch die Wohnsiedlung musste, wo all die Jungs mit den neuen Turnschuhen lebten. Sie hatten ihn auf seinem Fahrrad hin- und herfahren sehen und hatten sich nun an der Ecke versammelt, um auf ihn zu warten. Da war Gerry, der Dünnste und Längste, der immer das neuste Handy und die neusten Spiele hatte. Und dann ein Kleinerer mit dunklen Haaren, der Owen hieß. Owen war eine echte Arschgeige. Die anderen kannte Marty nicht. Natürlich lachten sie … etwas anderes erwartete Marty von ihnen nicht … doch sie riefen auch richtig fiese, gemeine Dinge.

»Lebt deine Mum in dem Haus überhaupt noch?«

»Wette, sie liegt irgendwo unter dem ganzen Müll begraben …«

»Guckt mal! Müll-Marty arbeitet jetzt bei der Müllabfuhr!«

Marty fuhr stur auf seinem Fahrrad weiter, dabei fluchte er die ganze Zeit wie ein Rohrspatz vor sich hin. Er versuchte, eine andere Route zu nehmen, doch der Weg führte ihn immer wieder zu dieser Einbahnstraße zur Müllkippe. Es war so schon kompliziert genug, gleichzeitig Rad zu fahren und die beiden Müllsäcke zu balancieren. Sein Ziel war es, jeden Sack gleich voll zu machen, damit sie das gleiche Gewicht hatten – so viel hatte er in Physik gelernt. Aber auch ohne dass Leute ihm Dinge zuriefen, die ihn auf hundertachtzig brachten, war die ganze Aktion schon ein schwieriges Unterfangen.

Wenn Marty und seine Mutter es nur schafften, die Wohnung auf Vordermann zu bringen, dann konnten sie den Stadtrat überzeugen, dass sie etwas unternahmen. Maßnahmen ergriffen. Vielleicht reichte das, damit sie erst mal wieder eine Weile ihre Ruhe hatten.

Er sah den Stock nicht kommen. Die Zielgenauigkeit war ziemlich eindrucksvoll, das musste sogar Marty zugeben. Der Stock verklemmte sich zwischen den Speichen seines Rads und brachte ihn zu Fall. Die beiden Müllsäcke segelten durch die Luft an seinen Ohren vorbei und zerplatzten wie Müllbomben auf der Straße. Sein Kinn schrammte über den Schotter und der stechende Schmerz wurde einen Moment vom Schreck überrollt. Er wusste nicht, wo er war und was passiert war. Die Jungs mit den neuen Turnschuhen lachten und filmten Marty, wie er schockiert mitten auf der Straße saß, von Müll umgeben.

Da brannte bei Marty eine Sicherung durch. Er

stand auf, und bevor ihm wirklich klar war, was er tat, ging er auf Gerry zu und schlug ihm ins Gesicht. Gerry fing prompt an zu heulen, dann schwang er sich auf sein Fahrrad und fuhr nach Hause, um es seiner Mutter zu erzählen, während alle anderen ihm folgten. Marty stand einen Moment da und atmete heftig. Wut strömte durch seine Adern. Da vernahm er plötzlich Gezeter, eine keifende Stimme, jemanden, der ihn ärgerlich anschnauzte. Es war der hinterhältige Müllkippen-Mann, der Marty mit der Faust drohte und ihm zurief, er solle den Saustall beseitigen.

Marty war noch nie im Büro der Schuldirektorin gewesen. Er wusste, was kam, noch bevor er am nächsten Morgen die Schule betrat. Es war unausweichlich. Und dann hatte er Gerry vor dem Büro der Schuldirektorin gesehen, mit einem Bluterguss im Gesicht, wie er neben seiner Mutter saß, die schützend den Arm um ihn legte. Es hatte keinen Sinn zu lügen.

Miss James schaute ihn über ihren Schreibtisch hinweg an, mit dem gelangweilten Blick von jemandem, der schon viel zu lange Schuldirektorin gewesen war. Alle Kinder hatten eine Höllenangst vor ihr, was oberflächlich betrachtet ziemlich komisch war, denn sie war nur eine kleine alte Dame. Doch sie konnte einem derart giftige Blicke zuwerfen, dass man schon auf eine Entfernung von dreißig Metern zusammenschrumpfte. Marty war sich sicher, dass sogar die Lehrkräfte Angst vor ihr hatten, besonders die neuen. Laut einem Schulgerücht gab sie ihnen sogar Strafarbeiten auf, wenn sie ihr nicht gehorchten. *Echte* Strafarbeiten! Marty hatte sich schon oft gefragt, wie alt genau sie sein mochte. Gracies erster Eindruck war gewesen: um die neunzig. Marty fand das etwas übertrieben, aber jetzt, da er sie aus der Nähe sah, war er sich nicht mehr so sicher. Eine wachsame Behäbigkeit umgab sie, durch die sie wie eine uralte Eule wirkte. Sie schaute ihn an, als sei er eine Maus in ihren Klauen, die sie gleich ganz nebenbei zerreißen würde.

»Ich bin wirklich enttäuscht von dir, Marty«, begann sie.

Er war überrascht, dass sie sogar seinen Namen kannte. Er war nicht in der Fußball-Mannschaft und erhielt auch sonst keine Auszeichnungen. Um ehrlich zu sein, hatte Marty Zweifel, dass außer Mr Garraway überhaupt jemand an der Schule von seiner Existenz wusste. Sie musterte sein verschorftes Kinn. Er hatte es in Wasser getaucht, als er nach Hause gekommen war. Hatte seiner Mutter erzählt, er sei vom Fahrrad gefallen, was genau genommen ja auch stimmte. Es spannte immer noch und stach, obwohl es begonnen hatte abzuheilen.

»In der Tat sehr enttäuscht.«

Sie schniefte mit ihrer Hakennase und schob ein paar Papiere zusammen, dann nahm sie sich einen Keks von einem kleinen Teller auf ihrem Schreibtisch. Marty sah zu, wie sie ihn in den Mund schob und mit säuerlicher Miene zu kauen begann.

»Ich habe so manchen Jungen wie dich einen schlimmen Weg einschlagen sehen.« Beim Reden versprühte sie überall Kekskrümel. Marty versuchte, seinen Stuhl etwas zurückzuschieben.

»Genau so fängt es an. Ärger. Hier und da. Und bevor du dich's versiehst, landest du auf der schiefen Bahn.«

Sie schaute ihn unter hängenden Augenlidern hinweg an.

»Nun sag mir, Junge ...«, jetzt hörte sie auf zu kauen, »... hat Gerry dir das angetan?« Sie zeigte mit ihrem langen, knotigen Finger, dessen Nagel mit einer dicken Schicht aus scharlachrotem Nagellack bemalt war, auf sein Kinn.

Marty überlegte einen Moment. Hatte Gerry ihn geschlagen? Nein. War er dafür verantwortlich, dass Marty gefallen war? Nun ja, irgendwie schon. Wäre Marty gefallen, wenn er nicht da gewesen wäre? Nein. Hatte er den Stock geworfen? Marty war sich nicht sicher.

»Marty?«, wiederholte sie.

Er schüttelte den Kopf.

»Nein …«

Sie lehnte sich kurz zurück. Trommelte mit ihren langen Fingernägeln auf den Tisch. Marty fiel auf, dass drei Haare unten aus ihrem Kinn wuchsen. Jedes borstig und leicht gebogen. Sie schaute ihn wieder mit zusammengekniffenen Augen an.

»Hmm, ich bin verstimmt. Enttäuscht. Verärgert. Solche Dinge werfen kein gutes Licht auf unsere Schule.«

Marty saß da und erwartete sein Schicksal, während sie nach einem weiteren Keks griff. Er wünschte, die Tortur wäre vorbei. Da klingelte das Telefon auf dem Schreibtisch. Sie würdigte es keines Blickes, saß nur kauend da und matschiger Keksschleim sammelte sich in ihren Mundwinkeln.

»Da dies das erste Mal ist, dass du Probleme hast«, sagte sie langsam, mit angestrengter Stimme, »und der Vorfall sich außerhalb der Schule ereignet hat, belassen wir es bei einer Woche Nachsitzen in der Mittagspause. ABER«, sie beugte sich vor, »wenn noch etwas passiert, und damit meine ich *egal was*, dann müssen wir deine Mutter herbitten.«

Marty musste unwillkürlich lachen. Die Augenbrauen von Miss James schossen in die Höhe wie zwei überraschte Raupen.

»Was war das?«

»Nichts …«

»Du wirst doch wohl nicht unverschämt?«

»Nein, Miss.«

Marty bezweifelte, dass irgendjemand seine Mutter aus dem Haus bekommen konnte. Doch wenn er in Miss James' Knopfaugen schaute, war er sicher, dass sie sich nicht so leicht abwimmeln ließ.

»Gut. Dann kannst du gehen.«

Sie wedelte mit der Hand und Marty stand auf. Ihm tat immer noch alles weh. Er hörte, wie sie hinter ihm den Telefonhörer abnahm und mit einem genervten »Jaaaaaaa?« antwortete.

Marty stieß die Tür auf und trat auf den Schulhof. Es war große Pause und seine Mitschülerinnen und Mitschüler stellten sich vor dem Kiosk an. Er hörte das Gelächter, als er vorbeiging. Sie starrten alle auf ihre Handys, und Marty wusste, was sie sich anschauten. Gerry, der sich vor ein paar Minuten noch unter dem Arm seiner Mutter verkrochen hatte, hatte sich wieder in den schlaksigen Orang-Utan verwandelt, der er auch sonst immer war. Er schien

um fast einen Meter gewachsen zu sein, zeigte auf Marty und lachte.

»War ein schöner Ausflug, oder?«

»Du siehst jetzt viel besser aus, wo dein Gesicht etwas kaputt ist«, witzelte ein Freund von Gerry.

Marty versuchte, nicht hinzuhören. Er ging einfach weiter.

Er war erschöpft. Völlig erschöpft. Er hatte die ganze Nacht durchgearbeitet und versucht, im Haus voranzukommen. Hatte gefegt. Geschrubbt. Das Bad leer geräumt. Seine Mutter hatte wieder angefangen, die Hände zu ringen. Aber er wusste, dass sie sich bemühte, nichts zu sagen, als er Sachen hinaus in den Garten stellte.

Marty wusste, dass der Mann vom Stadtrat jetzt da sein würde. Er wusste es und hatte jeden Augenblick des Tages daran gedacht. Er hatte überlegt, ob er die Schule schwänzen sollte, um ihn zu treffen, doch dann hätte der Mann ihnen wahrscheinlich noch mehr Fragen gestellt. Das Beste, was er tun konnte, war, wegzubleiben und zu hoffen. Hoffen, dass seine Mutter sich lange genug zusammenreißen konnte, um den Stadtrat davon zu überzeugen, dass sie dieses Mal wirklich vorhatte, etwas an dem Chaos zu ändern …

Marty hatte gerade die Mauer hinter dem Französischtrakt erreicht, wo er sich den Rest der Pause verstecken wollte, als er eine Stimme hinter sich hörte.

»Ich hab das Video gesehen … Es ist Müll«, witzelte sie.

Es war Gracie. Ihr schiefes Grinsen brachte ihn normalerweise auch zum Lächeln.

»Ich bin gerade nicht in Stimmung, okay?«

»Ach komm schon, Marty. Es ist ziemlich lustig. Was um alle Welt hast du da gemacht?«

»Oh, es ist wirklich megalustig …«, platzte es aus ihm heraus. »Mein ganzes Leben ist megalustig, nicht wahr? Und jetzt weiß auch jeder, was für ein Loser ich bin …«

Er machte wieder kehrt, zurück zur Schule.

»Marty?« Nun hielt sie ihn an der Schulter fest. »Bleib stehen.«

»Nein!« Er schüttelte ihre Hand ab. »Jetzt gerade nicht, okay, Gracie?«

Da hörte sie auf, und er war froh darüber, denn er glühte plötzlich vor Zorn und seine Stimme zitterte und blieb ihm im Hals stecken. Er stieß die Schultüren auf und nahm sich vor, jeden zu ignorieren, bis am Ende des Tages die Glocke klingelte.

Marty hatte einen harten Knoten im Bauch, als er zu Hause die Hintertür öffnete. Auf dem Heimweg hatte er verschiedene Szenen im Kopf durchgespielt. In einer war er nach Hause gekommen und hatte seine Mutter weinend in ihrem Sessel vorgefunden, um sie herum lagen Briefe auf dem Boden, auf denen Wörter wie GERICHTSVOLLZIEHER und NICHT GENUG FORTSCHRITT und Ähnliches aufgedruckt waren. In einem anderen war sie überglücklich herumgehüpft und hatte ihm erzählt, dass alles gut werden würde. Er wappnete sich und schob sich nach drinnen.

Auf das hier war er allerdings nicht vorbereitet. Seine Mutter saß in ihrem Sessel, ja, aber sie lachte weder, noch weinte sie. Sie sah nur sehr ernst aus. Marty ließ seine Tasche fallen und ging auf sie zu. Sie hob den Kopf, um ihn anzuschauen.

»Und?«, fragte er. Sie war ordentlich angezogen. Sie hatte ihr Haar zusammengebunden.

»Sie lassen uns hier wohnen.«

Marty stieß einen erleichterten Seufzer aus. Er lachte, dann musterte er sie. Ihre Ruhe machte ihn nervös.

»Aber das ist gut ... Das ist gut, oder nicht?«

»Ja ...« Ihr Blick huschte im Zimmer hin und her. »Marty, setz dich ...«

Das waren nie gute Worte. Weder wenn ein Freund sie sagte noch die Mutter oder ein Lehrer. Man wusste irgendwie, dass dann etwas Ernstes kam. Marty setzte sich neben ihrem Sessel auf den Boden.

»Ich habe nachgedacht, Marty ... darüber, was ich dir angetan habe ...«

Marty schaute zu Boden.

»Darüber, dass du hier leben musstest, und wie, mit mir ...«

Marty hasste es, über diese Dinge zu reden. Er schluckte laut, ihm war schwindlig und seine Gedanken wirbelten durcheinander.

»Ist schon okay, Mum …«

»Nein, ist es nicht …« Sie schaute ihn an und Tränen traten ihr in die Augen. »Ich habe hier gesessen und mich geschämt …«

»Bitte, nicht …«

»Und ich möchte dir etwas versprechen …«

Marty hasste diese Worte.

»Das hier war endlich der Anstoß, den ich gebraucht habe …«

»Nicht, Mum …«

»Ich verspreche dir … Marty, schau mich an … ich verspreche dir, dass ich das hier ein für alle Mal in Ordnung bringen werde … Wir werden ein schönes … normales Haus haben. Du wirst eine nette, normale Mutter haben …«

All die Worte, die Marty sagen wollte, blieben ihm einfach im Hals stecken. Es wollten so viele auf einmal hinaus, dass sie sich irgendwie alle blockierten, also sagte er gar nichts. Er nickte, mit Tränen in den Augen.

»Und jetzt«, sagte sie und stand auf, »hol ich uns was zu essen.«

Kapitel 7

»Es tut mir leid, okay?«

Gracie setzte sich neben ihn auf die Mauer. Marty sah ihr an, dass sie es ernst meinte. Er war früher aus dem Nachsitzen entlassen worden und war wieder hinter den Sprachtrakt gegangen, um sich dort zu verstecken, bis die Mittagspause vorbei war. Marty ignorierte sie, als sie sich setzte und ihre Schultasche auf den Schoß legte. Einen Moment saßen sie einfach nur schweigend da. Sie schaute stur nach vorne.

»Ich kann manchmal ein bisschen …« Sie zögerte. »Du weißt schon … harsch sein.«

Marty lächelte matt.

»ECHT jetzt?« Er hob eine Augenbraue.

Gracie zog eine Grimasse.

»Es ist nur … Die Leute haben schon mein ganzes Leben lang über mich gelästert. Hinter meinem Rücken …«, sie lachte gepresst auf, »oder direkt vor meinem Gesicht. Ich schätze, da lernt man, etwas zu sagen, bevor jemand anders es tut.«

Marty schaute sie an. Sie wirkte fast traurig.

»Beachte sie nicht.« Sie musterte jetzt ihre Hände. »Sie sind es nicht wert. Das habe ich zumindest im Laufe der Jahre gelernt.«

Marty saß eine Weile stumm da und hörte zu, wie Gracies Fersen gegen die Mauer schlugen.

»Mir tut es auch leid. Ich habe nur viel um die Ohren. Das ist alles.«

Gracie nickte. Hakte nicht nach.

»Freunde?«, fragte sie schließlich.

Marty musterte sie.

»Ja.«

»Gut ...«

Martys Schultern entspannten sich. Gracie packte ihn am Ärmel. »Denn ich möchte dir was zeigen.«

Marty war noch nie auf der anderen Seite vom Schulparkplatz gewesen. Die Mauer dort war ihm nicht mal aufgefallen. Sie verlief in einer perfekten Kurve, einem gleichmäßigen Halbkreis, den ganzen Weg an den Bäumen entlang, die davorstanden. Sie war mit Graffiti besprüht, klar, aber ansonsten war sie völlig unscheinbar, bis Gracie ihm etwas zeigte.

»Stell dich da hin«, sagte sie, drehte ihn zur Seite und positionierte ihn ans eine Ende der Mauer.

»Warum?«

Sie lächelte. »Wirst du schon sehen.«

Sie folgte dem Halbkreis der Mauer und stellte sich ans andere Ende. Und dort tat sie etwas Seltsames! Sie flüsterte. Marty hörte, wie ihre leise Stimme an der Wand entlanghüpfte, immer lauter und lauter und lauter wurde! ZISCH!

»HALLLLLLOOOOOO!«

Marty erschrak fast zu Tode. Es war, als würde sie ihm ins Ohr schreien, dabei stand sie SO weit weg! Seine Miene hellte sich auf, seine Augen leuchteten und die Haare in seinem Nacken kribbelten.

»DAS IST TOLL, NICHT WAHR? EINE FLÜSTERMAUER!«

Marty lachte und flüsterte zurück: »WIE HAST DU SIE GEFUNDEN?«

»ICH BIN EIN GENIE!«

Marty grinste.

Sie standen einen Moment lang schweigend da, bis Gracie wieder sprach.

»SCHLIESS DEINE AUGEN! UND HÖR ZU.«

Marty tat es.

»SO FÜHLE ICH GERÄUSCHE«, sagte sie.

Marty spürte die Worte auf seinem Gesicht, wie sie in seinem Kopf vibrierten.

»IN MEINEM KÖRPER.«

Marty strahlte, immer noch mit geschlossenen Augen.

»MUSIK … HAUT … MICH … UM.«

Dann kam ihre Stimme noch mal. Dieses Mal zögerlicher. Zerstreuter. Unsicherer. Indirekter.

»ICH WILL TÄNZERIN WERDEN.«

Ein Geständnis. Dann Stille.

»DAS HABE ICH NOCH NIE JEMANDEM ERZÄHLT. ES IST DUMM, WAS? ICH MEINE, ICH BIN GEHÖRLOS …«

Marty dachte darüber nach. Dachte über Geräusche nach. Er dachte an die Vibrationen in seinem Haus, wie still es dort war und wie schwierig, sich frei zu fühlen. Und dann dachte er ans Tanzen und es schien Sinn zu ergeben.

»ICH GLAUBE, DU WÄRST EINE TOLLE TÄNZERIN. DIE BESTE.«

Kapitel 8

»Kohl?«, schlug Gracie vor.

Marty verdrehte die Augen. »Echt jetzt? Hast du schon mal so einen großen Kohlkopf gesehen?«

»Ähm, jetzt hab ich's! Eine Rosenkohlpflanze …«, versuchte Gracie noch mal.

Großvater schüttelte den Kopf.

Sie verschränkte die Arme. »Ich gebe auf.«

»Ich auch«, pflichtete Marty ihr bei. »Warum sagst du es uns nicht einfach?«

»Geduld!« Großvater hob spitzbübisch die Augenbrauen. »Das ist eine gute Lektion für euch junges Gemüse!«

Die Pflanze reichte jetzt sogar schon bis zu Großvaters Brust. Sie war wirklich wunderlich. Ihre beiden Blätter hatten sich über Nacht verdreifacht, und jetzt reckten sich sechs starke Blätter der Sonne entgegen. Obwohl es immer noch ziemlich kalt war, lag heute der Sommer bereits in der Luft. Es war so ein Tag, um den Pulli auszuziehen und um die Hüften zu binden.

»Wann hast du sie gepflanzt?«, wollte Gracie wissen.

»Vor ein paar Wochen erst.«

Gracie sog die Luft durch ihre Zähne. »Das Ding ist ein Monster!«

»Na hoffentlich!«, meinte Großvater.

Sie halfen ihm eine Zeit lang. Eine Menge anderer Gemüsesorten mussten jetzt eingesät werden, da die Erde sich langsam aufwärmte. Es gab kümmelförmige Karottensamen, die in Reihen gesät, und kleine, knorrige Rote-Bete-Samen, wie winzige Felsen, die nebeneinander in die Erde gesetzt werden sollten.

Auch Erbsen mussten gepflanzt werden, die genauso aussahen wie, nun ja, getrocknete Erbsen eben. Großvater säte sie in Dreiecksform aus, damit er sie an Stöcke binden konnte, wenn sie keimten. Der Schwarze Johannisbeerstrauch hatte angefangen auszutreiben, ebenso die Stachelbeere. Noch ein paar Wochen, und dann war der Sommer mit aller Wahrscheinlichkeit im Anmarsch.

Sie hatten bestimmt schon ein bis zwei Stunden gearbeitet, als Großvater den Kessel aufsetzte. Gracie hatte einen Becher von zu Hause mitgebracht. Einen weißen aus Porzellan, auf dem in goldener

Schrift *Gracie* geschrieben stand. Ein individuell gestaltetes Geschenk von ihrem Vater.

»Und, hast etwa du ihn verprügelt?«, fragte Großvater Gracie und nickte mit dem Kopf Richtung Marty, als die drei sich mit ihrem Tee niederließen.

Gracie schaltete sofort. »Nein, ich nicht. Außer mir können ihn anscheinend noch eine Menge anderer Leute nicht ausstehen.«

Marty merkte, dass Großvater Gracie mochte. Er lehnte sich zurück, entspannt, mit offenen Armen und gut gelaunt.

»Ich habe mich mit dem Boden verkracht«, log Marty.

Großvater musterte sein Gesicht, dann wechselte er das Thema.

»Und, was habt ihr am Samstag vor, Kinder?«

Marty zuckte die Schultern. Gracie ebenso. Großvater zog eine Zwanzig-Pfund-Note aus seiner oberen Jackentasche.

»Ich habe mehr Glück als Verstand und ein Rubbellos mitten in der Stadt gefunden. Und zack, bumm, krach: zwanzig Mäuse. Nun, es bleiben uns noch vier Monate, um diese Pflanze hier so groß wie möglich zu kriegen – all meine Pläne hängen davon ab, – und am Samstag machen wir eine Exkursion. Bushaltestelle Albany-Straße. Acht Uhr morgens. Aber pünktlich.«

Gracie schaute Marty an und zuckte die Achseln. »Na gut.«

»Also? Was glaubst du, was es ist?«, grübelte Gracie.

Marty ging den Weg hinauf, der zu Gracies Haus führte, und versuchte, sich den Schock über dessen Größe nicht anmerken zu lassen.

»Ich weiß es nicht.«

»Ich habe eine Pflanze noch nie so schnell wachsen sehen. Ich meine, ist das überhaupt normal?«

Martys Gedanken waren wieder und wieder um den Samen gekreist, und jedes Mal kribbelten seine Fingerspitzen dabei.

»Ich verstehe es einfach nicht, das ist alles …« Gracie suchte konzentriert nach dem Schlüssel in ihrer Tasche. Marty sah zu, wie sie die Tür öffnete, und der große Flur lag vor ihnen.

Er hatte darüber nachgedacht und sie hatte recht. Es wirkte tatsächlich fast unnormal.

»Ich glaube, es muss irgendeine Mischform sein«, sagte er. »Vielleicht eine schnell wachsende Kreuzung aus zwei Pflanzen? Ich habe das mal in Biologie gelesen. Man kann Pflanzen kreuzen, und dann nehmen sie die Eigenschaften der jeweils anderen an.«

Gracie stand in der Tür und sah nicht überzeugt aus.

»Darf ich dir was sagen?« Ihr Gesicht wirkte plötzlich sehr ernst.

Marty schaute sie an. »Klar …«

»Versprich mir, dass du nicht lachst.«

»Versprochen.«

»Ich habe mich ganz komisch gefühlt, als ich in der Nähe der Pflanze war. Keine Ahnung. Es war, als wäre ich total nervös oder so.«

Martys Haut kribbelte. Er hatte nämlich genau dasselbe gespürt. Er runzelte die Stirn. Das ergab keinen Sinn.

»Hast du es auch gespürt?« Nun sah sie ihn direkt an, doch Marty schaute weg.

»Liegt sicher daran, dass wir nicht wissen, was es ist.« Jetzt kramte er alle möglichen Entschuldigungen hervor. »Manchmal findet man Dinge magisch oder so, weil sie geheimnisvoll wirken, dabei sind sie ganz normal. Es ist alles normal. Das ist bloß in unseren Köpfen.«

Gracie legte die Stirn in Falten. »Glaubst du das wirklich?«

Marty hob die Schultern.

Gracie sah ihn zögernd an.

»Willst du reinkommen?«, bot sie an. »Dad ist nicht da. Wir könnten etwas fernsehen.«

Marty schüttelte den Kopf, jedoch eher aus Gewohnheit.

»Ist schon in Ordnung«, antwortete er und schaute zum Schrebergarten. »Ich gehe besser zurück.«

Gracie nickte. »Okay.«

Marty lächelte. »Bis morgen dann.«

»Sicher«, gab Gracie zurück und schloss die schwere Tür.

Marty drehte sich um und stand einen Moment lang da. In der Ferne konnte er Großvater immer noch herumwerkeln sehen, mit dem Hut auf dem Kopf und der riesigen Pflanze, die sich im Abendlicht ausbreitete.

Kapitel 9

»Marty, Marty, Marty! Komm doch mal kurz in mein Zimmer, bitte!«

Marty blieb so abrupt auf dem Flur stehen, dass seine Turnschuhe auf dem Fußboden quietschten. Es war Mr Garraway, der Vertrauenslehrer. Er war ein riesiger, bärengleicher Schotte mit roten Haaren und einer Vorliebe für glänzende, enge Trainingsanzüge. Er unterrichtete Sport und Gesundheitserziehung und Achtsamkeit und sprach sehr, sehr schnell über sehr, sehr peinliche Dinge. Er hing mit einem Arm am Türrahmen seines Klassenzimmers. Marty schaute den Flur entlang, wo Gracie auf ihn wartete. Mr Garraway hatte die unheimliche Gabe, genau zu wissen, was man dachte.

»Komm schon, komm schon, komm schon. Dauert nicht lange, Kleiner.«

Marty hob entschuldigend die Hände, und Gracie winkte als Zeichen, dass sie ihn später treffen wür-

de. Er ging in Mr Garraways Klassenzimmer, das vollgepflastert mit Postern von Schottland und mit verschiedenen Arten von Schottenkaros dekoriert war. Argwöhnisch setzte Marty sich auf die Kante eines Tischs, als Mr Garraway die Tür schloss.

Der Lehrer rieb sich den borstigen Bart.

»Ich habe gehört, dass du, sagen wir mal … einen kleinen Zusammenstoß hattest?« Nun schaute er auf Martys aufgeschrammtes Kinn. »Alles in Ordnung?«

Marty nickte.

»Geht mich natürlich nichts an, aber du sagst mir Bescheid, wenn du über etwas reden möchtest …«

»Okay«, antwortete Marty und fummelte an dem Gurt seines Rucksacks.

»Ich weiß, dass ich bei Auseinandersetzungen nicht parteiisch sein darf, aber ganz unter uns, dieser Gerry ist wirklich ein Ärgernis.«

Marty lächelte und fragte sich, ob das alles war, bis Mr Garraway fortfuhr.

»Außerdem habe ich Gerüchte gehört – habe sozusagen die Info bekommen, einen Wink –, dass du deine Hausaufgaben nicht gemacht hast, Bursche.«

Marty wusste nie genau, ob Mr Garraway fertig gesprochen hatte oder nicht, weil er seine Sätze nie richtig beendete.

»Ich mache mir natürlich keine Sorgen um dich, aber ich habe dich auf dem Schirm …«

Marty wartete.

»Damit will ich einfach sagen, ich behalte dich im Blick …«

Jetzt war er auf jeden Fall fertig. Wenn Marty schonungslos ehrlich war, dann interessierten ihn Hausaufgaben und Schulprojekte gerade am allerwenigsten. Er hatte nicht mal einen Gedanken daran verschwendet. Seitdem er das Haus ausräumte, standen Hausaufgaben so weit unten auf der Liste von »Dingen, die wichtig sind«, dass sie quasi komplett untergegangen waren. Kurz überlegte er, ob schonungslose Ehrlichkeit der beste Weg war oder eher der traditionelle Ansatz, nach Strich und Faden zu lügen. Mr Garraway starrte ihn immer noch an.

»Ich wollte nur wissen, ob ich dir irgendwie helfen kann. Um klarzukommen. Eine Lösung zu finden. Vielleicht. Ich meine, ich könnte dir ein paar Ratschläge geben ...«

Marty entschied sich für den Weg der »Unbestimmtheit in Person« und zuckte die Achseln. »Es tut mir leid, ich hatte nur echt viel zu tun.«

Mr Garraway musterte ihn eine Weile. »Wie geht's deiner Ma im Moment?«

Marty verkrampfte sich ein bisschen. Mr Garraway wusste genau, wie er es am besten anfing, das musste man ihm lassen.

»Ihr geht's gut«, sagte er schließlich. »Sehr gut sogar.«

Mr Garraway musterte ihn erneut. Sah, dass er nicht log. War beruhigt.

»Gut. Gut«, sagte er. »Großartig. Ja, das ist großartig.«

Marty hatte in der Nähe von Mr Garraway immer

ein etwas schlechtes Gewissen. Ihm war klar, dass der Lehrer über sein Leben Bescheid wusste. Nicht, dass sie jemals richtig darüber gesprochen hätten, aber Informationen über Kinder wie ihn wurden immer weitergegeben. Marty wusste das. Er wusste auch, dass Mr Garraway ein netter Mann war. Zumindest schien es so. Trotzdem war Marty immer auf der Hut. Wenn man Leute zu nah an sich ranließ, endete das nach seiner Erfahrung immer damit, dass sie sich einmischen wollten. Ja, die Art, wie sie lebten, war nicht ideal, aber es war alles, was er kannte, und seine Mutter gab sich wirklich, wirklich, wirklich allergrößte Mühe. Er wollte einfach nicht, dass jemand das gerade jetzt vermasselte.

»Hör zu, Marty. Ich bin der Vermittler. Du weißt das, nicht wahr, Bursche? Ich bin der Botschafter. Ich bin der Puffer, wenn du so willst, zwischen dir und den höheren Mächten, wenn du weißt, was ich meine, und mich verstehst …«

Jetzt klang er rätselhaft und Marty sah ihn plötzlich als mysteriösen Geheimagenten vor seinem inneren Auge. Ein rothaariger James Bond.

»Gib einfach deine Hausaufgaben rechtzeitig ab, ja? Dann lassen sie dich in Ruhe …«

Marty nickte. »Danke, Sir.«

Er wandte sich zum Gehen, aber Mr Garraway war noch nicht fertig mit ihm.

»Hast du übrigens schon mal über deine Wahlfächer nachgedacht? Was du machen möchtest?«

Marty sah ihn verständnislos an.

»Du musst bald entscheiden, mit welchen Fächern du weitermachen möchtest ...«

Darüber hatte Marty tatsächlich noch nicht nachgedacht.

»Doktor? Wissenschaftler? Was soll es sein?«

»Entschuldigung?« Marty traute seinen Ohren kaum. »Denken Sie, ich könnte etwas davon werden?«

Mr Garraway runzelte die Stirn.

»Marty, du hast ein gutes Gehirn da drin. Ein gutes Gehirn kann dich überallhin führen. Überall, in die ganze Welt. Es liegt in deiner Verantwortung, dieses Gehirn – deinen Geist – zu packen und zu schauen, wo er hinwill. Ja, du kommst nicht gerade aus einem der schicksten Viertel, aber das ändert nichts daran, wo du enden kannst. Du hast die gleiche Chance wie jeder andere auf der Welt.«

Marty wusste nicht, warum, doch er konnte sein Herz in der Brust pochen hören. Großvater hatte ihm natürlich gesagt, dass er alles tun könne, was er wolle, doch Marty hatte gedacht, das wäre nur eine nette Floskel.

»Lass dich nicht einengen, Bursche. Was magst du? Was ist deine Leidenschaft?«

Marty dachte nach. »Ich weiß es nicht.«

Mr Garraway lachte. »Du weißt es nicht?« Er legte den Kopf schräg und schaute ihn an. »Was willst du erreichen?«

Marty stammelte: »Ich weiß nicht.«

Es war nicht so, dass er keine Träume hatte. Echte Träume. Träume, die Welt zu sehen. Zu sehen, wie die Leute lebten. Die Orte, an denen sie lebten. Die Dinge, die sie bauten. Und mit dem Eiffelturm wollte er anfangen. Doch wie sollte er das erklären? Es gab einfach so viele Dinge in seinem Leben. So viele Dinge, die sein Zuhause und sein Gehirn füllten, dass er niemals Zeit gehabt hatte, wirklich darüber nachzudenken, was *er* wollte. Mr Garraway schaute ihn immer noch an.

»Ist schon in Ordnung. Mach dir keine Sorgen deswegen, aber denk mal drüber nach. Stell ein paar Überlegungen an, wenn du magst. Sinniere, wenn man so will.«

Marty nickte.

»Na dann«, sagte er und ging an Marty vorbei, »ich brauche jetzt eine Tasse Kaffee.«

Und einfach so war ihr Gespräch vorbei. Mr Garraway schlug ihm mit seiner riesigen Pranke auf den Rücken, was ihm fast den Atem nahm.

»Danke, Sir.«

»Keine Ursache, Bursche.«

Mr Garraway stiefelte durch den Flur davon und ließ Marty in der Tür zurück, den Kopf voller wirbelnder Gedanken.

Später an dem Abend lag Gracie auf ihrem Bett und dachte darüber nach, wie sie ihrem Vater beibringen sollte, dass sie am Samstag einen Ausflug mit Marty und seinem Großvater machen würde. Das einzige Problem war, dass ihr Vater Martys Großvater geradezu abgrundtief hasste. Nicht etwa, dass sie sich richtig kennen würden. Ihr Vater nannte ihn immer nur den »verrückten Schrebergarten-Mann«. Gracie konnte es ihm nicht wirklich verübeln, da Martys Großvater immer Feuer machte und Sachen verbrannte, sodass Rauchschwaden in ihre makellose Küche waberten, oder er tauchte in aller Herrgottsfrühe sonntags im Schrebergarten auf und hackte Holz mit seiner Axt. Und dann war da natürlich noch die Fischgestank-Orgie. Die Wahrscheinlichkeit, dass er ihr erlaubte, mit ihm einen Tagesausflug zu machen, lag exakt unterhalb einer dicken, fetten Null. Die einzige Möglichkeit, die ihr blieb, war zu lügen – oder ihren Vater vielleicht ein paar Dinge vermuten zu lassen, ohne ihn auf seinen Irrtum hinzuweisen.

Als sie vor ein paar Monaten an der Schule anfing, hatte ihr Vater wie üblich sein großes Netzwerk an Geschäftskontakten angezapft und ein paar Freundinnen für sie ausgesucht. Er hatte sie in ihr Haus eingeladen und für alle Unmengen an Pizza bestellt. Da waren Esther und Dahlia und Poppy. Sie waren ganz nett und sprachen gern über ihre Hunde und ihre Pferde. Es gab nur ein kleines Problem. Sie waren todlangweilig. So langweilig, dass Gracie sich beim Gähnen ertappte und dabei, wie sie über ein Nickerchen nachdachte. So langweilig sogar, dass Gracie den Tag in der Schule lieber ganz allein verbrachte, anstatt sich noch mal anzuhören, wie eine von ihnen »Glitzerchen« darauf trainiert hatte, Pfötchen zu geben. Gracie ließ in den Unterhaltungen zu Hause ab und zu ihre Namen fallen, nur um ihren Vater auf eine falsche Fährte zu locken, und da alle so beschäftigt waren, kümmerten die Eltern sich sehr selten um Treffen, was Gracie sehr gelegen kam.

Sie hatte sich im Kopf zurechtgelegt, was sie über Samstag sagen wollte, und beschloss, sich zum Arbeitszimmer zu schleichen und eine Pause zwischen den Geschäftstelefonaten ihres Vaters abzuwarten.

Sie steckte den Kopf durch die Tür und ihr Vater hielt sie mit einer Handbewegung zurück. Er sah angespannt aus. Er stand am Fenster und runzelte die Stirn. Gracie war sich sicher, dass ihr Vater kleiner wurde. Sie wusste, dass sie selbst größer wurde, aber es war mehr als das. Es war, als hätten all die Stunden, die er vor seinem Laptop hockte, seinen Rücken zusammengestaucht, sodass er etwa dreißig Zentimeter kleiner aussah. Gracie wartete, hängte sich an den Türknauf und lauschte, während das Gespräch an- und abschwoll. Schließlich gestikulierte ihr Vater zum Schreibtisch. Gab ihr einen Stift. Gracie konnte ihr Glück kaum fassen. Sie nahm ein Stück Papier und schrieb ihre Nachricht darauf.

Kann ich morgen mit meinen Freunden rausgehen? Ich nehme mein Handy mit.

Ihr Vater las die Notiz über ihre Schulter und nickte. Er lächelte. Gracie lächelte zurück und begann, sich aus dem Zimmer zu schleichen. Sie wollte gerade die Tür zumachen, als ihr Vater die Hand über den Telefonhörer legte.

»Brauchst du Geld?«, formte er stumm mit den Lippen.

Gracie zuckte die Schultern.

»Nimm dir was. Mein Portemonnaie liegt unten.«

Sie schloss die Tür hinter sich und ließ die Schultern sinken. Sie hatte nicht mal lügen müssen. Sie würde morgen mit ihren Freunden rausgehen und sie konnte es tatsächlich kaum erwarten.

Kapitel 10

Es war ein heller, sonniger Samstag. Marty musste früh aufstehen, radelte zur Bushaltestelle und schloss sein Fahrrad am Geländer fest. Großvater war schon da. Er trug seine beste Jacke, die mit den Cordflicken an den Ellbogen. Sein Filzhut war gebürstet, und auf seine ganz eigene schrullige Art sah er elegant aus. Gracie lief die Straße entlang. Nun, eigentlich lief sie nicht wirklich, sie tänzelte eher. Sie spielte nicht mal das klassische »Bloß nicht auf die Linien treten«. Irgendwie, nun ja, tanzte sie beim Gehen …

Großvater begann ebenfalls zu tanzen, als sie näher kam, fasste ihre Hand und ließ sie am Ende in einer dramatischen Pose nach hinten sinken, bis sie beide in Gelächter ausbrachen. Neben Großvaters Füßen standen sechs leere Plastikeimer, die er hochnahm, als der Bus kam und hielt.

»Alle an Bord!«, rief Großvater lächelnd. »Zwei

Untersechsjährige und ein Rentner bitte, Herr Busfahrer!«

»Unter sechs?«, fragte der Fahrer mit hochgezogener Augenbraue.

»Pst, ja, starren Sie nicht so. Ihre Mutter ist ein 2-Meter-Model und ihr Vater ein Basketballspieler und ihre Größe macht sie sehr verlegen.«

Der Fahrer musste so sehr lachen, dass er ihnen tatsächlich einen Rabatt gab, und Großvater dankte ihm überschwänglich, nannte ihn einen Gentleman und lüpfte seinen Filzhut.

Marty war außer sich vor Freude, dass er einen Tag rauskonnte, und seine Mutter hatte ihm sogar etwas Geld gegeben. Er wollte Großvater nicht von Mum und ihrem Versprechen erzählen. Noch nicht. Er wollte es eine Weile für sich behalten und sich an den Gedanken gewöhnen, bevor er davon sprach. Es fühlte sich alles noch ein bisschen neu und zerbrechlich an, und Marty wollte es nicht zu früh mit dem Gewicht von Großvaters Erwartungen belasten, für alle Fälle. Er saß hinter Großvater und Gracie und hörte ihrem Geplauder zu, während die warme Maisonne auf sein Gesicht schien.

Sie erzählte ihm, dass sie nicht hören konnte. Davon, wie sie im Alter von etwa drei Jahren die Diagnose von leichtem Hörverlust bekam und ein winziges Hörgerät tragen musste und wie sich ihr

Hören im Laufe der Zeit immer mehr verschlechterte. Ihren Eltern war aufgefallen, dass sie sie nicht mehr anschaute, wenn sie etwas sagten. Oder nicht zusammenzuckte, wenn hinter ihr ein lautes Geräusch ertönte, und wie sie schließlich das Cochlea-Implantat zur Unterstützung bekam. Danach musste sie Geräusche wiedererlernen, ganz neu, denn durch das Implantat klang alles so anders. Marty hörte sie sagen, dass es manchmal schwierig war, zwischen der gehörlosen und der hörenden Welt zu leben. Es waren die Kleinigkeiten, sagte sie. Dass es für sie einfacher war, mit Einzelnen zu sprechen, während Kinder lieber in Gruppen miteinander redeten, oder dass sie manchmal die Pointe von einem Witz nicht verstand und jemanden bitten musste, sie zu wiederholen, was den Moment irgendwie kaputt machte.

Als sie die Küste erreichten, konnte Marty es kaum erwarten, an die frische Luft zu kommen. Sie stiegen bei der Promenade aus und schauten Großvater an.

»Und jetzt?«, fragte Marty.

»Kommt mit …«

Sie marschierten den Weg hinunter zum Strand und folgten Großvater auf den Sand hinaus. Dann sahen sie zu, wie er stocksteif an der Flutlinie stehen blieb.

»Oje …«, sagte Großvater.

Marty sah Gracie an und rollte mit den Augen … *Jetzt geht's wieder los,* dachte er.

»Ich habe vergessen, die Gezeiten zu überprüfen.«

Dann musterte Großvater die Wellen.

»Aber ist schon in Ordnung, es geht zurück … Ich schätze, wir müssen ein paar Stunden totschlagen.«

»Ein paar Stunden totschlagen?«, fragte Gracie.

Marty dachte, sie wäre bestimmt verärgert, doch ihr Gesicht hellte sich auf.

»Ooooh! Ich hab Geld für Eis«, sagte sie atemlos. »Und können wir auf einem Esel reiten?«

So verbrachten sie ein paar gelbe, warme Stunden mit Dingen, die Marty … nun … noch nie gemacht hatte. Gracy konnte sich vor Lachen kaum halten, als sie ihn auf dem Esel sah. Sie aßen Pommes aus Papiertüten, während ihre Füße über die Promenadenmauer baumelten, und warfen die restlichen den Möwen hin, und dann taten sie so, als bekämen sie Angst, wenn die Vögel zu nah heranflogen. Großvater zog sogar seine Jacke aus und öffnete die obersten Knöpfe, sodass seine haarige Brust zum Vorschein kam.

»Keine Aufregung, meine Damen!«, rief er allen zu, die es hören konnten. »Reißen Sie sich zusammen …«

Marty errötete, als Gracie lachte, und dann schau-

ten er und Großvater zu, wie Gracie über den Strand tanzte, ihre Füße wirbelten Sand auf, ihr Körper bewegte sich, als sei er mit Wasser gefüllt, neigte und drehte sich im Takt der Wellen. Marty hatte noch nie zuvor eine Tänzerin gesehen, nicht wirklich. Natürlich hatte er Leute tanzen sehen – Großvater, der zur Musik rumwackelte und solche Sachen –, aber noch keine echte, lebendige Person, die das Tanzen in sich trug. Die allein schon mit der Bewegung ihrer Arme oder der Neigung des Kopfes tanzte. Jemand, der etwas in der Welt hören konnte, das für ihn unhörbar war.

Marty sah ihr zu, während der Strand und die Zeit und die Welt verblassten. Es gab nur noch die Pinselstriche ihrer Arme, die Farben in der Luft ringsum fanden, und den Rhythmus ihrer Füße. Marty und Großvater waren fasziniert, wie Gracie Formen und Linien malte, und dann, als sie schließlich wieder in ihrer Welt auftauchte, blieb sie stehen. Die Hände immer noch über den Kopf erhoben, schaute sie zu ihnen hinüber, als sähe sie sie zum ersten Mal.

»Na, alle Wetter aber auch«, sagte Großvater ehrfürchtig.

»Ich werd verrückt«, antwortete Marty und starrte sie immer noch an.

Dann verwandelte sie sich wieder in die Gracie, die sie kannten – ihr Körper entspannte sich, sie stellte ihren Sprachprozessor wieder an –, und sie kam auf sie zu und ließ sich in den Sand fallen, immer noch ganz außer Atem. Großvater betrachtete sie einen Moment bewundernd.

»Gracie, was du da gerade gemacht hast«, sagte er, »das war Magie.«

Gracie schaute schüchtern zur Seite.

»Nein, schau mich an«, bat er.

Ihre Blicke trafen sich.

»Das war … *Magie* …«, wiederholte er.

Sie lächelten einander warm an, und Marty war sicher, dass er Gracie in diesem Moment ein bisschen wachsen sah.

»Und nun«, sagte Großvater und erhob sich mit knackenden Gliedern, »entschuldigt mich bitte, ich brauche eine Tasse Tee.«

Er richtete sich auf und verbeugte sich theatralisch, bevor er davonspazierte.

Gracie und Marty saßen einen Moment schweigend da.

»Es ist schön hier, nicht wahr?«, sagte Gracie verträumt.

Marty spürte, wie der Sand seine Beine wärmte.

»Ja«, antwortete er und lauschte dem Meer.

Gracie griff in ihre Tasche und zog einen kleinen Zettel hervor, der an den Rändern schon etwas ausgefranst war. Sie faltete ihn auseinander und reichte ihn Marty. Er sah sie fragend an.

»Es gibt einen Wettbewerb. Einen Tanzwettbewerb. Um einen Platz an der Tanzschule in London zu gewinnen.«

Marty las den Flyer.

Gracie lächelte. »Es ist ein offener Aufruf für alle Leute mitzumachen.«

»Das ist toll!« erwiderte Marty. »Das musst du machen.«

Gracies Atem ging jetzt langsamer, doch ihre Wangen leuchteten noch immer rosig. Sie harkte den Sand zwischen ihren Beinen mit den Fingern.

»Was ist?«, fragte Marty. »Willst du es nicht versuchen? Echt nicht?«

Gracie war ungewöhnlich still.

»Es ist nur wegen … der anderen Kinder. Die werden ausgebildet sein. Mit richtigem Unterricht.«

Marty hatte sie noch nie so unsicher gesehen.

»Ich habe Mum und Dad mal gefragt, ob ich Unterricht nehmen kann, aber sie waren besorgt. Sie dachten, ich würde mich lächerlich machen. Gehänselt werden …«, sie zuckte die Schultern, »… keine Ahnung. Also habe ich keinen Unterricht bekommen. Nicht richtig. Ich habe mir nur selbst was beigebracht.«

»Aber du bist eine großartige Tänzerin!«

»Das zählt nicht.«

»Ach, komm schon! Hat dein Vater dich schon mal tanzen *gesehen*?«

Gracie schaute wieder weg.

Marty war sprachlos. Er drehte sich zu ihr und berührte leicht ihren Arm. Seit seinem Gespräch mit Mr Garraway war etwas passiert. Nichts Großes. Nichts Weltbewegendes, doch etwas in Marty war erwacht, von dem er nicht mal gewusst hatte, dass es in ihm schlummerte.

»Hör zu, Gracie. Du bist die beste Tänzerin, die ich je gesehen habe. Egal ob ausgebildet oder nicht.« Er saugte etwas Luft durch die Zähne. »Ich glaube nicht mal, dass man jemandem beibringen könnte, so zu tanzen, wie du es kannst. Du musst es versuchen …« Er schaute wieder auf den Flyer. »Wann ist das Vortanzen?«

»Am Ende des Sommers.«

»Dann hast du noch viel Zeit!«

»Was wird Dad dazu sagen?«

Marty überlegte. Zuckte die Schultern.

»Ich weiß nicht«, antwortete er. »Muss er es wissen?«

Gracie lächelte. »Vielleicht nicht.«

Sie grinsten sich an, bis Marty jemanden rufen hörte. Er schaute auf. Das Meer hatte sich weit genug zurückgezogen, dass Großvater seinen Plan umsetzen konnte. Er stand unten an der Flutlinie und winkte wie verrückt.

»Angetreten, ihr kleinen Racker!«, brüllte er über den Strand.

»Geht's noch peinlicher?«, fragte Marty mit einem Stöhnen.

»Wahrscheinlich nicht«, sagte Gracie, während sie aufstand. »Aber er ist toll! Komm.« Sie streckte ihm die Hand hin, um ihn hochzuziehen. »Schauen wir mal, was er mit uns vorhat.«

Als sie die Wasserlachen zwischen den Felsen erreichten, hatte Großvater schon seine Jacke auf einen Felsblock in der Nähe geworfen, seine Ärmel aufgekrempelt und füllte die Eimer mit grün-braunem, schleimigem Seetang. Marty schaute ihn verwirrt an.

»Kommt schon!«, forderte er. »Ran an den Speck!«

Gracie krempelte die Ärmel ihres Kleids auf und Marty schob die Ärmel seines Wollpullis nach oben und dann begannen sie zu sammeln.

»Nehmt von allem was mit. Alle verschiedenen Farben«, rief Großvater.

Marty war es vorher noch nie aufgefallen – schließlich verbrachte man nicht jeden Tag damit, den Kopf stundenlang in Seetang zu stecken –, doch es gab ganz viele verschiedene Arten. Da war ein gummiartiger, der in langen Bändern wuchs, und ein anderer, der fein war wie Haare, und einer, der die Form eines Baums hatte, aber mit kleinen Bläschen darin, die ihm wahrscheinlich beim Schwimmen halfen. Er schaute zu Gracie, die gerade ein besonders störrisches Exemplar von einem Felsen zog.

Dann, als die Eimer fast voll waren, packte Großvater die barfüßige Gracie und hob sie mit den Füßen voran in einen Eimer nach dem anderen, damit sie den Seetang zusammendrücken konnte. Marty lachte, als sie stampfte und der Seetang unter ihren Füßen schmatzte und hemmungslos furzte.

Sie brauchten eine weitere halbe Stunde, um die Eimer bis zum Rand zu füllen. Dann traten sie zurück und bewunderten ihre harte Arbeit, alle ganz außer Atem, während die Sonne langsam am Himmel zu sinken begann.

Gracie wischte sich über die Stirn und schaute zu Großvater hinüber.

»Und? Was jetzt?«

»Schuhe an ...«, Großvater grinste, »... und dann zurück zum Bus! Jeder nimmt zwei Eimer ... Hoffentlich müssen wir nicht den vollen Preis dafür bezahlen ...«

Niemand setzte sich neben sie. Um ehrlich zu sein, überraschte Marty das nicht. Nicht, dass der Seetang stank oder so, aber man setzte sich wahrscheinlich einfach nicht neben drei Leute mit sechs Eimern voller Seetang.

»Wir machen unserer Pflanze eine Tasse Tee«, erklärte Großvater.

»Tee?« Gracie hob eine Augenbraue.

»Wir weichen diesen Seetang in Wasser ein, lassen ihn in der Sonne stehen und brühen Martys Pflanze eine schöne, erfrischende Tasse Seetang-Tee. Ich verspreche euch: Das Ding wird größer als Hans' Bohnenranke.«

Gracie hatte offensichtlich immer noch keinen blassen Schimmer, wovon er sprach, aber sie schien trotzdem zufrieden zu sein.

Marty saß am Fenster und sah die Küste verschwinden und die grünen Flächen kleiner und kleiner werden, je mehr sie sich dem Stadtzentrum näherten.

Als sie angekommen waren, halfen sie sich gegenseitig, den Seetang zurück zum Schrebergarten zu tragen (was mit Martys BMX-Rad viel einfacher war). Danach lief Gracie nach Hause, und als sie aus ihrem Schlafzimmerfenster gewunken hatte – das Zeichen, dass sie sicher angekommen war –, brachte Großvater auch Marty heim.

Marty blieb am Tor stehen.

»Willst du reinkommen?«, fragte er hoffnungsvoll.

Es war offensichtlich, dass einiges frei geräumt worden war.

»Nein, schon in Ordnung«, sagte Großvater.

Marty nickte und verkniff sich ein *»Bitte?«*.

»Na dann, Gute Nacht, Marty, mein Junge.«

»Gute Nacht, Großvater.«

Marty sah, wie Großvater in das orange Licht der

Straßenlaternen eintauchte, und rief ihm noch hinterher: »Es hat Spaß gemacht!«

Großvater drehte sich um und lüpfte seinen Filzhut, dann sagte er: »Natürlich hat es das!«

Kapitel 11

Martys Mutter hatte angefangen, Kleidung zu waschen. Das klingt vielleicht nach keiner großen Sache, aber sie hatte angefangen, Kleidung zu waschen und sie draußen auf der Wäscheleine aufzuhängen. Das Wetter wurde wärmer und der Müll im Garten begann nun richtig zu stinken, doch Marty hätte nicht glücklicher sein können. Seine Mutter kam herein, als er gerade für sie beide etwas Butter auf Toast strich. Sie setzte sich hin und nippte an dem Tee, den er ihr gemacht hatte.

»Und? Na komm, erzähl mir alles!«

Marty schaute sie verwirrt an.

»Gestern, hat es Spaß gemacht?«

Marty strahlte übers ganze Gesicht. »Ja.«

Er war nicht sicher, doch er glaubte, eine Spur von Enttäuschung in ihrer Miene zu lesen.

»I-ich meine«, stammelte er, »es war schon ganz nett.«

Seine Mutter lächelte ihn an. Stellte ihre Tasse ab. Sie musterte ihn eine Weile.

»Ist schon okay, weißt du. Es tut dir gut, Spaß zu haben …« Sie hielt einen Moment inne. »Ich möchte, dass du Spaß hast.«

Marty lächelte schüchtern zurück. Er hätte fast gesagt, dass er wünschte, sie hätte auch mitkommen können. Doch er wollte nicht, dass sie sich schlecht fühlte.

»Man kann nie wissen«, sagte sie. »Eines Tages, vielleicht nächsten Sommer, könnte ich euch begleiten.«

Marty nickte.

»Wie geht es Großvater?«

Jedes Mal, wenn seine Mutter das Wort »Großvater« sagte, klang es etwas seltsam. Etwas kratzig. Es war, als hätte sie ihm gerade einen Igel gegeben und er musste vorsichtig damit umgehen.

»Er hat mir dieses Samenkorn gekauft. Zum Geburtstag.«

Seine Mutter sah ihn freundlich an.

»Ich weiß nicht mal, was es ist, aber es wächst. Diese Pflanze. Sie ist riesig. Ich meine, wirklich riesig. Großvater sagt, wir brauchen sie für ein Abenteuer …«

Seine Mutter verzog leicht das Gesicht. »Typisch Großvater.«

Marty fand ihren Tonfall etwas abfällig.

»Aber wirklich, Mum, ich habe so was noch nie gesehen. Es wächst, und wir sind zum Strand gegangen und haben Seetang gesammelt, um ihm Tee zu machen.«

»Tee?«

»Ich weiß!« Marty lachte. »Er sagt, sie soll so groß werden wie ein Haus.«

Seine Mutter hörte zu und kaute auf ihrem Toast herum.

»Denk nur daran, dass Großvaters Pläne oft nicht so gut laufen …«

Martys Stimmung sank.

»Nicht dass …«, begann sie. »Ich wollte dir keinen Dämpfer verpassen, aber ich habe mein ganzes Leben mit seinen Plänen verbracht …«

»Ich weiß«, antwortete Marty.

Seine Mutter nippte wieder an ihrem Tee. Vielleicht hatte sie recht. Vielleicht lag es an der Sonne oder an Gracies Tanzen oder so, aber für einen Moment hatte er gedacht, dass Großvater wirklich auf dem richtigen Weg sein könnte.

»Auf jeden Fall denkt Gracie …«

Seine Mutter hob eine Augenbraue. »Gracie?«

Marty hatte ihren Namen genannt, ohne nachzudenken. Er hatte sie vorher noch nie erwähnt. Nicht wirklich. Plötzlich fühlte er sich dumm.

»Sie ist meine Freundin …« Seine Stimme war jetzt kleiner.

»Du hast mir noch nie von ihr erzählt …«

Marty zuckte die Achseln. »Sie lebt in der Nähe des Schrebergartens, in einem der großen Häuser. Sie ist nett.«

Ein breites Lächeln legte sich auf das Gesicht seiner Mutter.

»Na, dann solltest du sie mal mitbringen.«

»Was, *hierher*?«

»Ja, hierher – wohin denn sonst?«

Marty schaute sich um, und tatsächlich war weniger Chaos im Haus als je zuvor. Seine Mutter sah ausnahmsweise wirklich glücklich aus.

»Das wäre doch schön für dich. Du weißt schon. Zu tun, was normale Kinder tun. Ich kann euch Saft und Kekse machen.«

Marty hatte Gracie nichts von seiner Mutter gesagt. Von dem Haus. Er hatte noch nie jemanden so nah an sich herangelassen wie sie, und obwohl er viele Male darüber nachgedacht hatte, ihr davon zu erzählen, wollte er sie einfach nicht mit alldem belasten. Er ging sowieso davon aus, dass sie schon *irgendwas* wissen musste, bei all den Gerüchten in der Schule. Aber da sie nie darüber gesprochen hatten, konnte er glücklicherweise so tun, als gäbe es das alles nicht.

»Marty? Darf ich sie denn mal kennenlernen, oder was?«, fragte seine Mutter.

Marty rutschte unbehaglich hin und her. »Vielleicht.«

»*Pfff*, da gibt es kein *Vielleicht*. Bring sie mit. Das wird lustig.«

Marty hatte seit ein paar Wochen versucht, Gracie nach Hause einzuladen, doch jedes Mal, wenn er den Mund aufmachte, wechselte er unwillkürlich das Thema. Es war ja wirklich nichts dabei. Sie nur auf einen Saft einzuladen. Es war keine große Sache, aber irgendwie hatte er es bis jetzt geschafft, Schule und Zuhause voneinander zu trennen. Er vertraute Gracie, ganz klar, es war nur … Es fühlte sich *bedeutend* an.

Marty eilte den Weg entlang auf die Schule zu, wo Gracie auf ihn warten würde. Er war spät dran, denn er hatte noch kurz am Schrebergarten vorbeigeschaut, und Großvater hatte ihm eine Knospe an der Pflanze gezeigt, die absolut riesig war. Sie war flaumig und torpedoförmig und fast so lang wie Martys Arm! Marty hatte sie mit offenem Mund angestarrt und versucht zu erraten, welche Farbe die Blume wohl hatte, vielleicht würde das ihm endlich einen kleinen Hinweis darauf geben, was es für eine Pflanze war … Aber nein. Nichts. Schließlich hatte er sich von dem Anblick losgerissen und sich auf dem gesamten Schulweg das Hirn zermartert, um die Lösung des Rätsels zu finden.

Marty bog um die Ecke und sah Gracie bereits an der Mauer stehen.

»Tut mir so leid, dass ich zu spät bin«, keuchte er.

Gracie verdrehte grinsend die Augen.

»Ist schon okay. Jetzt bist du ja da.«

Es war Sonntagnachmittag, und die Schule fühlte sich ganz anders an, wenn sie leer war. Kein Geschrei. Keine Taschen, die hin und her geworfen wurden. Kein Gerry und seine Kumpels. Nur ein verlassener Schulhof, auf dem raschelnd ein paar leere Chipstüten herumflogen. Gracie zog ihre Jacke aus und warf sie auf den Rasen, bevor sie ihr Handy in der Mitte gegen die Flüstermauer lehnte. Sie berührte den Bildschirm, suchte ein Lied aus und stellte sich hin, ließ die Musik in beide Richtungen an der Mauer entlangspringen, sodass der Ton hinter ihr verstärkt wurde.

Seitdem sie vor ein paar Wochen am Strand getanzt hatte, waren immer mehr Ideen für das Vortanzen in Gracies Kopf entstanden. Sie hatte sich nicht hingesetzt und darüber nachgedacht oder jede Bewegung notiert – so funktionierte das nicht bei ihr –, doch manchmal kamen Bewegungen zu ihr wie Gedanken oder Gefühle, meistens wenn sie etwas ganz anderes machte. Und diese Gedanken ergaben auch nicht sofort Sinn. Sie waren wie Silben oder Klänge oder Wortteile, aber nach und nach, wenn sie ihnen im Geist genug Raum zum Wachsen gab, füllte ihr Körper die Leerstellen aus, und plötzlich begann der Tanz zu sprechen. Sie wollte Marty dabeihaben, denn sie brauchte eine ehrliche Meinung, und er war derjenige, dem sie am meisten vertraute.

Gracie machte zuerst ihre Dehnübungen, stellte ihren Sprachprozessor aus und ging langsam zur Mitte des Hofs, schloss die Augen und begann, die Musik zu spüren. Marty saß mit dem Rücken zur Wand, ließ die Klangwellen über sich hinwegrollen. Zunächst stand sie still da, als würde sie auf etwas tief, tief in ihrem Inneren lauschen. Sie hielt die Augen geschlossen. Fühlte, wie der Rhythmus ihre Beine erfasste. Sie stand und stand und stand, bis sie fast zur Seite zu kippen schien. Sie machte einen Schritt. Schwang die Arme.

Es gab kein Muster, aber dennoch spielte alles irgendwie zusammen. Die Musik war nicht fröhlich, sie war … Marty suchte nach dem Wort … *bedauernd?* War es das? Bedauern?

Gracie war nicht mehr da. Nicht so wie er. Es

wirkte, als sei sie weit weg und spreche durch ihren Körper mit der Welt, doch ihr Geist schien woanders zu sein. Marty sah ihr zu, seine Haut kribbelte. Gracie hatte eine Superkraft. Sie konnte verschwinden. Das Tanzen gab ihr Vorstellungskraft, erlaubte ihr, zu sein und nicht zu sein, wo immer sie wollte. Sie wirkte absolut frei.

Plötzlich spürte Marty den Anflug von irgendwas, auch wenn er nicht sicher war, was. Bewunderung? Ja – aber es war eher wie Eifersucht, auf die Fähigkeit, so frei zu sein. Dieses Fließen. Diesen Raum zu haben. Und Hoffnung? War es das? Dass irgendwie, in weiter Ferne, das Blatt sich wendete.

Gracie übte lange Zeit, während Marty zusah. Er war so gebannt, dass er nicht mal die Tränen bemerkte, die über seine Wangen rollten.

Kapitel 12

Eine Woche später blühte eine strahlend gelbe Blume an der Pflanze. Fröhlich und sternförmig. Schmal und länglich, aber doch riesig leuchtete sie in der Junisonne. Die Blätter bedeckten mittlerweile große Teile des Hochbeets, schlängelten sich mit ihren dornigen Ranken und kratzigen Blattadern über- und untereinander hindurch.

»Es ist ein Kürbis!«, rief Marty.

Großvater stieß ein dröhnendes Lachen aus. »Endlich!« Er klatschte. »Ich dachte schon, du errätst es nie! Aber das hier ist kein normaler Kürbis, mein Junge!«, sagte er. »Das ist ein Atlantischer Riesenkürbis, der so groß wird wie ein kleines Familienauto!«

Gracie lachte.

»Ihr Lieben, das wird ein so großer Kürbis, dass man ihn meilenweit sehen wird. Alle in der Schrebergartenanlage und der ganzen Stadt werden uns darum beneiden. Das hier, meine Schätzchen, ist unser Masterplan!«

»Unser Masterplan ist, dass wir einen Riesenkürbis großziehen?«, fragte Marty gelangweilt.

Gracie kicherte.

»Marty!« Sein Großvater täuschte Empörung vor und warf sich in die Brust. »Sag das nicht so. Wir ziehen *nicht nur* einen Riesenkürbis groß. Er wird umwerfend. Prächtig. Er wird in die Geschichte eingehen. Er wird …«, hier senkte er seine Stimme und riss die Augen auf, »der größte Kürbis auf der ganzen weiten Welt sein.«

»Der größte Kürbis der Welt?«

»Ja, Marty!« Großvater zitterte vor Aufregung am ganzen Körper. »Wir machen Folgendes«, erklärte er. »Wir lassen ihn Früchte ansetzen, und wenn es so weit ist, schneiden wir alle außer der größten und stärksten und gesündesten Frucht ab. Wir wählen eine aus und geben uns ganz viel Mühe mit ihr. Behandeln sie wie eine Königin. Füttern sie, bis sie dick und fett ist, massieren sie mit Öl, geben ihr alles, was ihr kleines Kürbisherz begehrt, und dann, DANN geht der Spaß erst

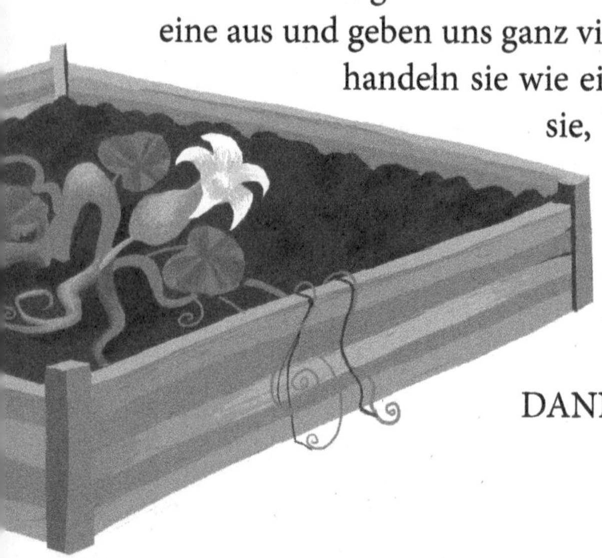

los! Du wirst sehen, den Kürbis großzuziehen, ist nur der erste Schritt ...«

Nun leuchteten seine Augen.

»Der zweite Schritt ist noch viel interessanter ...«

»Was? Welcher zweite Schritt?« Gracie beugte sich vor.

Sie steckten die Köpfe zusammen ...

»Der zweite Schritt ist das Glorreichste, was ihr je gehört habt. Der zweite Schritt wird euch von euren kleinen Hockern reißen. Der zweite Schritt ... wird le-gen-där ...«

Gracy musterte ihn, kam seinem Gesicht gebannt immer näher und näher.

»Und der zweite Schritt ist ...?«, drängelte sie.

Sie wartete auf eine Antwort. Großvater hielt die Spannung noch ein Weilchen, bis er ihnen anvertraute:

»*Das*, meine Kindchen, ist eine Überraschung ...«

»Ach Mann, Großvater! Das kannst du doch nicht machen!«, sagte Marty genervt.

Gracie ließ enttäuscht die Schultern sinken.

»... aber es genügt wohl zu sagen, dass es absolut spektakulös wird!«

Marty verdrehte die Augen.

»Man muss große Träume haben, Kinder! Große Träume! Und jetzt kommt!«

Der Schrebergarten platzte mittlerweile aus allen Nähten. Knospen und junge Triebe, sprießende Blumenzwiebeln und kriechende Ranken. Alles strotzte nur so vor Energie. Die Zeichen standen auf Sommer.

»Na, hört auf, herumzustehen und zu starren! Es gibt jede Menge zu tun!«

Großvater führte sie hinter den Schuppen, wo eine Tonne stand. Er bedeutete Marty und Gracie hineinzuschauen. Da erst fiel Marty der unglaubliche Gestank auf. Gracie warf einen Blick hinein und fing an zu würgen.

»Oh Gott!«, quiekte sie. »Was ist das?«

»Das ist die Basis für den Kürbis-Tee, meine Liebe«, erklärte Großvater stolz.

Die Tonne war zu drei Vierteln mit Seetang und Schleim und Gott weiß was noch gefüllt, das nun schon wochenlang seit ihrem Besuch am Strand vor sich hin schmorte.

»Jetzt müssen wir es noch einmal aufkochen und gut umrühren.«

Marty und Gracie wechselten einen Blick.

»Ist das dein *Ernst?!*«, riefen sie beide gleichzeitig.

»Das ist mein vollster Ernst!«

Gracie und Marty fingen an, Stöcke für das Feuer zu sammeln. Großvater hatte eine alte, rostige Feuerschale, also stapelten sie die Stöcke darin aufeinander. Dann suchten sie nach allem, was brennen konnte. Marty fand Streichhölzer, während Großvater die Tonne auf dem unteren Rand vorsichtig auf die Feuerstelle zurollte und sie unter viel Aufwand und schwerem Keuchen auf den Stapel hievte.

»Juhu!« Er atmete auf und streckte sich mit leuchtenden Augen. »Lasst uns Tee kochen …«

Großvater entzündete das Feuer, und sie sahen zu, wie der Rauch in schwarzen Säulen nach oben stieg und dann verflog, als die Flammen um sich griffen. Sie lauschten, wie das Anmachholz knisternd Funken sprühte.

»Das dauert ja ewig«, sagte Marty.

Großvater tippte sich an die Nase und ging zurück in den Schuppen, um seine Benzinflasche zu holen. Er kippte einen Schuss in das Feuer, und die Flammen schossen drei Meter in die Höhe.

»Oh Gott, Großvater!«, schrie Marty, als eine Hitzewelle sein Gesicht traf.

»Ich glaube, ich habe mir die Augenbrauen versengt!«, rief Gracie lachend und hielt sich die Hände vors Gesicht.

Kurze Zeit später blubberte es in der Tonne wie in einem Kessel. Großvater rieb sich vergnügt die Hände.

»He, he!«, rief er. »Kommt, ihr beiden!«

Erst da sahen Marty und Gracie, dass er ein paar Dinge aufgestellt hatte, die in den Tee sollten. Da waren ein Haufen Brennnesseln, Bananenschalen und eine Flasche mit gelber Flüssigkeit, die für Marty verdächtig nach Pipi aussah. Großvater ließ eins nach dem anderen in die Tonne plumpsen, wobei Dampfwolken in seltsamen Farben aufstiegen, als würde er Rauchsignale schicken. Dann, sozusagen als Krönung, kramte Großvater ein komisches Gerät aus dem Schuppen. Gracie warf Marty einen fragenden Blick zu. Marty schlug die Hand vor den Kopf …

»Oh nein …«

Gracie wirkte besorgt. »Was *ist* das für ein Ding?«

Großvater schleppte etwas zur Tonne, das wie eine tote Riesenspinne aus Metall aussah.

»Das, meine Lieben, ist der Tee-Rührer 300. Die neue und verbesserte Version!«

Er warf ein paar der Spinnenbeine über den Tonnenrand, sodass das Gerät auf der Flüssigkeit aufsetzte. Dann ging er zurück zum Schuppen und kam nach viel Suchen und Tasten mit einem Spaten wieder. Er ließ den Spaten in die Tonne gleiten und steckte den Griff in die Unterseite der Spinne. Dann zwinkerte er Gracie und Marty zu und bedeutete ihnen zurückzutreten.

»Na dann, schauen wir mal, ob das Baby läuft …«

Als er den Schalter umlegte, erzitterte die Tonne. Marty schnitt eine Grimasse und schaute weg. Dann schienen die Spinnenbeine die Seiten der Tonne zu packen und der Spaten schlug scheppernd gegen das Metall.

»Oh Gott.« Gracie wich zurück.

»Keine Sorge! Alles gut!«

Der Tee-Rührer begann sich zu drehen, langsam zuerst, mit einem zischenden Geräusch. Dann schneller und schneller.

Der Gestank war gewaltig. Und zwar gewaltig zum Würgen eklig. Dann und wann sprudelten petrolblaue Blasen an die Oberfläche und platzten mit ziemlich beeindruckenden Rülpsern.

Großvaters Augen leuchteten vor Begeisterung.

»Soll ich ihn höher stellen?«, fragte er.

»Nein!«, rief Marty, der noch nicht vergessen hatte, wie seine eigene Teetasse zur Seite geflogen und er mit brühend heißem Tee übergossen worden war.

Langsam begann die Mischung einzukochen und dicker zu werden. Dunkler. Sie änderte die Farbe von einem schwachen Gelb zu Rot zu Braun zu Fast-Schwarz mit einem blauen Unterton. Großvater schnüffelte interessiert daran, als sei er ein Weinkenner, der seine letzte Weinernte prüfte. Er stellte den Tee-Rührer 300 aus, tauchte einen seiner Emaillebecher in die Brühe und begutachtete sie. Zum Entsetzen von Marty und Gracie hob er die Tasse an die Lippen …

»Großvater! Nicht!«, rief Marty.

Großvater bog sich vor Lachen.

»Hätte ich schon nicht! Hätte ich schon nicht!« Er sog tief und zufrieden den Geruch ein, dann lächelte er. »So, ihr junges Gemüse, ich glaube, es ist fertig!«

Großvater hob die Tonne vom Feuer, und Marty warf noch etwas Holz darauf, um es eine Weile in Gang zu halten.

Es wurde nun stiller im Schrebergarten. Türen fielen zu. Die Leute schlossen ihre Gärten zum Tagesende. Die Tonne mit Kürbis-Tee dampfte ruhig in der Abendluft.

»Bist du sicher, dass du nicht zum Abendessen nach Hause musst?«, fragte Großvater Gracie.

Gracie schaute zu ihrem Haus hinüber. Es war dunkel. Niemand war da.

»Nee, ist in Ordnung.« Sie machte eine wegwerfende Handbewegung.

Großvater musterte sie kurz durch schmale Augen, bevor er nachgab.

»Na gut, du hast es nicht anders gewollt …«

Dann holte er ein Paket lauwarmer und wahrscheinlich höchst fragwürdiger Würstchen aus dem Schuppen und begann, sie an einer langen Gabel über dem Feuer zu rösten. Ab und zu fluchte er, wenn Fett auf seinen Arm spritzte, dann kicherte er und entschuldigte sich bei Gracie. Sie alle aßen, verbrannten sich die Lippen und riskierten eine Lebensmittelvergiftung, doch Marty fand, dass dies die besten Würstchen waren, die er je in seinem Leben gegessen hatte.

Kapitel 13

»Marty, Marty, Marty! Ich habe mein Bestes getan, um dich zu decken, aber sie ist hinter dir her.«

Es war Mr Garraway, in einem bemerkenswert engen Trainingsanzug. Er war über den Flur gerannt, um ihn einzuholen, und stützte sich nun atemlos mit den Händen auf den Knien ab. Marty verstand nicht, warum jemand, der so untrainiert war, so eine Vorliebe für Sportkleidung und Sportunterricht hatte. Er war schlichtweg völlig ungeeignet dafür. Marty hatte vorgehabt, ein paar Hausaufgaben abzugeben, das hatte er wirklich – er war nur einfach nicht dazugekommen.

»Sie ist dir auf der Spur!«, zischte Mr Garraway jetzt durch die Zähne. Marty schaute zu ihm auf.

»Entschuldigung?«

»Sie ist dir auf der Spur. Die große, böse Wölfin. Die Chefin. Du weißt schon … Ich habe dir gesagt, du sollst ein paar Hausaufgaben abgeben. Egal, sie hat Wind davon gekriegt, und zack, bumm, krach, jetzt lechzt sie nach deinem Blut …«

Mr Garraway hatte offensichtlich das Kratzen und Klappern von Miss James' Absätzen auf dem Flur nicht gehört. Doch jetzt stand sie genau hinter ihm.

»Ich wollte dich nur warnen, das ist alles …«

»Ähem.«

Mr Garraway erstarrte und wurde leichenblass. Panisch schaute er Marty an.

»Sie steht hinter mir, oder?«

Marty nickte unmerklich.

»Ja, Mr Garraway, das tut sie. Die, ähm … ›große, böse Wölfin‹, wie Sie es nennen, steht in der Tat genau hier …«

Mr Garraway drehte sich auf dem Absatz um, täuschte ein breites Lächeln vor und versuchte, alles zu überspielen.

»He, he, als ich ›große, böse Wölfin‹ sagte, meinte ich natürlich nicht Sie …«

»Nigel, bitte.« Miss James durchbohrte ihn mit ihrem Blick. »Ich muss mit dem jungen Mr Marty hier sprechen …«

Mr Garraway fing an zu nicken und sich zu verbeugen, während er Miss James vorsichtig umrundete und dann hastig über den Flur davonlief.

Miss James nickte Marty zu und führte ihn den Flur entlang in ihr Büro.

Sie setzte sich, faltete die Hände auf ihrem Tisch und schaute ihn schrecklich herausfordernd an.

»Es scheint, dass du trotz einiger Warnungen immer noch keine Hausarbeiten abgegeben hast, junger Mann. Ich meine, Vergesslichkeit ist eine Sache. Offener Ungehorsam eine andere.«

Sie schwieg eine Weile. Musterte ihn. Dann holte sie zum tödlichen Schlag aus.

»Ich möchte, dass deine Mutter zum Elternsprechtag kommt.«

Marty wurde blass. Das würde nie passieren.

»Äh, also, ich weiß nicht, ob sie kommen kann.«

Miss James zog eine Augenbraue hoch.

»Sie arbeitet viel«, fügte Marty hinzu.

»Aber es interessiert sie doch sicher, wie es mit deiner schulischen Laufbahn vorangeht?«

»Klar, es ist nur … sie ist beschäftigt, das ist alles.«

Miss James musterte ihn kühl.

»Nun, ich setze sie auf die Liste, und ich bin sicher, sie wird sich sehr bemühen, mich zu treffen.«

Marty schluckte schwer.

»Und wenn sie nicht kommt?«, fragte er und versuchte, nicht frech zu klingen.

»Nun, dann vereinbare ich vielleicht ein Treffen bei ihr zu Hause?«

Marty nickte.

»Du kannst gehen …«

Marty hatte sich eigentlich auf heute gefreut, bis Miss James ihn in die Ecke gedrängt hatte. Er war früh aufgestanden und hatte um die Hintertür des Hauses herum etwas aufgeräumt. Er hatte auch ein paar Becher in Bleichmittel eingeweicht, damit sie funkelten und bereit waren, wenn er und Gracie einen Saft zusammen tranken. Gracie wartete am Fahrradständer auf ihn. Heute war der Tag, an dem sie Marty besuchen würde. Es war das allererste Mal, dass er jemanden mit nach Hause nahm, und er hatte sich wirklich darauf gefreut. In letzter Zeit hatte er ihr ein paar Dinge über seine Mutter erzählt. Nicht die ganz großen Sachen. Nur dass sie das Haus nicht verließ und so was. Marty schob sein Rad, während Gracie neben ihm herlief oder vielmehr tanzte.

»Was ist los?«, fragte sie, nachdem sie ein Stück gegangen waren.

Marty zuckte die Schultern. »Sie wollen meine Mutter am Elternsprechtag sehen …«

Gracie begriff und begann, normal zu laufen. Marty merkte, dass sie sehr nachdenklich wurde.

»Na ja, vielleicht geht sie ja hin?«, sagte sie dann.

Darüber hatte Marty auch schon nachgedacht. Darüber, wie viel besser es seiner Mutter ging. Wie sie zur Wäscheleine spazierte und zurück. Wie sie immer noch die Oberhand über das Chaos behielt.

»Vielleicht solltest du sie einfach fragen?«

Möglicherweise hatte Gracie recht. Möglicherweise würde seine Mutter es für ihn tun. Sie hatte etwas versprochen. Hatte versprochen, sich Mühe zu geben, und das tat sie. Marty fühlte sich etwas besser, jetzt da er Gracie davon erzählt hatte, und sie liefen eine Weile schweigend nebeneinander.

»Ich habe meine Anmeldung ausgefüllt …«, sagte Gracie schließlich. »Für den Wettbewerb. Ich habe ihn heute Morgen mit der Post verschickt …«

»Das ist super!« Marty war ehrlich erfreut.

»Dir … dir ist klar, dass ich die Schule wechseln müsste, wenn ich angenommen werde?«

Marty blieb abrupt stehen. »Warum?«

»Ich müsste jeden Abend üben. Ich könnte nicht jeden Tag hierher zurückkommen.«

Marty umfasste die Griffe seines BMX-Rads etwas fester.

»Aber ich wäre jedes Wochenende da.«

Marty ging weiter. Den Rest der Strecke liefen sie in nachdenklichem Schweigen. Marty grübelte, wie er seine Mutter zum Elternsprechtag kriegen sollte, und Gracie dachte daran, wie sehr sie diese Spaziergänge vermissen würde, falls sie zur Tanzschule gehen sollte. Keiner von beiden bemerkte etwas, bis Marty die Hintertür öffnete. Er versuchte, den Blick auf etwas zu richten, doch da war nur eine chaotische Ansammlung von Gerümpel. Im ersten Moment konnte er es gar nicht einordnen. Er sah Gracie an und merkte, wie sie die Tüten voller alter Kleidung wahrnahm und die kaputten Becher und die Stapel aus Kochtöpfen. Das Hinterzimmer war vollgestopft. Wieder einmal komplett vollgestopft mit Müll und Papier und alten Teppichen und allem Möglichem.

»Es tut mir leid, Marty.«

Endlich entdeckte Marty seine Mutter, die am Boden mitten im Gerümpel kniete.

»Ich schaffe es nicht. Ich bin nicht stark genug. Ich brauche meine Sachen.«

Martys Herz klopfte heftig in seiner Brust. Sein Blickfeld zog sich zusammen und ihm wurde plötzlich übel. Die Schultasche rutschte ihm aus der Hand und dann rannte er los. Er rannte und rannte, ließ Gracie zurück, die auf Martys weinende Mutter am Boden starrte.

Kapitel 14

»Ich dachte mir schon, dass ich dich hier finde.«

Gracie hatte Marty Frühstück von zu Hause mitgebracht. Sie hielt ihm das Marmeladenbrot hin, als Marty verschlafen in das Morgenlicht blinzelte. Im Schuppen des Schrebergartens war es nachts kalt gewesen. Schweigend machte Gracie sich daran, Tee aufzusetzen. Sie bedrängte Marty nicht.

»Ihr ganzer Kram bedeutet ihr mehr als ich«, sagte er schließlich.

Gracie reichte ihm seine Tasse und setzte sich auf einen umgedrehten Eimer.

»Glaubst du das wirklich?«

Martys Augen waren rot vom Weinen.

»Sie hatte es versprochen.«

Gracie berührte seinen Arm. Hatte selbst Tränen in den Augen.

»Es tut mir leid.«

Marty zog seinen Arm zurück.

»Ich habe immer gedacht, es wäre normal …«, er lachte bitter auf, »… als ich klein war. Dass alle so leben würden.«

Marty schniefte. Seine Nase lief, weil er fast die ganze Nacht geweint hatte, und sein Kopf tat weh.

»Ist schon in Ordnung, wenn du …, du weißt schon … nicht die Freundin von einem …«

»Sei kein Idiot!«, unterbrach Gracie. »Weiß sie, dass du hier geschlafen hast?«

Marty zuckte die Schultern. »Was soll sie schon tun? Kommen und nachsehen?«

»Könnte sein, dass sie deinen Großvater angerufen hat?«

»Sie ist bestimmt zu beschäftigt damit, das ganze Zeug wieder ins Haus zu schleppen. Wenn sie einmal so drauf ist, dann spielt alles andere keine Rolle mehr …«

Die Becher dampften in der kalten Morgenluft.

»Sie macht sich selbst was vor. Man sollte meinen, dass es unmöglich ist … aber sie macht sich vor, dass sie diese Sachen braucht. Sie belügt sich selbst so sehr, dass sie es glaubt …«

»Vielleicht braucht sie das?«

»Aber es ist so dumm!«

»Vielleicht belügen wir uns alle selbst, machen uns vor, dass wir etwas brauchen oder etwas wollen oder etwas sein können«, sagte Gracie leise.

»Aber das ist was anderes!«

»Ist es das?« Sie schaute aufmerksam in sein Gesicht. Sie hob die Schultern. »An Dinge zu glauben, sich zu zwingen, daran zu glauben, ist nicht immer schlecht«, wandte sie ein.

»Es ist dumm! Wir müssen alle akzeptieren, wer wir sind. Dass wir uns nicht ändern können. Wenn das hier irgendwas beweist, dann genau das! Und unsere dummen Träume sind nur Quatsch!«

»Sag das nicht!«

»Großvater und dieser Samen und du und dein Tanzen! Wir machen uns nur was vor. Die Welt interessiert sich nicht dafür!«

Marty wusste, dass er Gracie verletzt hatte. Sie musste nichts sagen. Doch er war so wütend. Es war, als hätte er gerade die Tür zu dem Raum geöffnet, in den er all seine Schmerzen gestopft hatte, und das ganze Zeug begann herauszufallen. »Leute versprechen Dinge, die sie nicht meinen. Wir können nicht ändern, wer wir sind. Was uns gegeben wurde!«

Gracie war aufgestanden. »Ich weiß, dass du wütend bist, aber …«

»Ja, ich bin wütend! Ich bin wütend, und wie. Ich bin wütend, dass ich mit ihr in diesem Haus festsitze. Und ich bin wütend, dass ich keine Wahl habe. Und ich bin wütend, dass sie so nutzlos ist. Und ich bin wütend, dass das alles so sinnlos ist … und ich bin müde! Ich bin es leid und müde, mich immer wieder abzustrampeln und nicht weiterzukommen!«

Gracie hörte mit ausdruckslosem Gesicht zu.

»Du hast mich, du hast deinen Großvater.«

»Großvater?« Marty lachte. »Was macht der schon? Er macht einfach NICHTS! NICHTS! Er sitzt nur da und denkt sich all diese dummen, verrückten Pläne aus und sie bedeuten NICHTS! Darum hat Großmutter ihn rausgeworfen! Weil er nie auch nur einen Plan machen konnte, der funktioniert hat!«

Es war nichts zu hören außer Martys heftigem Atem. Dann erklang ein Hüsteln hinter Gracie. Es war Großvater. Er hatte seinen Filzhut abgenommen und stand da, drückte ihn gegen seine Brust. Marty schaute von Gracie zu seinem Großvater und zurück. Ihm wurde schlecht. Als hätte all das Zeug, das da gerade aus seinem Mund gekommen war, einen schrecklichen, widerlichen Geschmack.

»Hör mal, tut mir leid«, sagte er zu Gracie.

Sie nickte. Es war totenstill.

»Ich gehe besser zur Schule«, sagte sie und drehte sich um, schulterte ihre Schultasche.

»Gracie, es tut mir leid …«, begann Marty.

Doch sie hatte sich schon abgewandt und konnte ihn nicht hören. Marty sah ihr hinterher, wie sie mit gesenktem Kopf durch die Schrebergartenanlage Richtung Schule ging. Einen Moment lang stand Marty unter Großvaters Blick da und seine Wangen brannten vor Scham.

Großvater ließ ein paar Sekunden verstreichen.

»Na, vielen Dank dafür«, sagte er schließlich. »Endlich ein bisschen Feuer. Einen Augenblick dachte ich schon, dass deine kleine Flamme ganz erloschen wäre.«

Marty hob den Kopf.

»Was?«

»Ich habe mich gefragt, wann du aufwachen würdest ... wie dieser Samen. Aufbrechen. Lieber Himmel, ich dachte schon, es würde nie passieren.« Er lächelte und schenkte sich Tee ein.

Marty ließ die Schultern hängen.

»Es ist nicht gesund, weißt du, Marty, alles in sich reinzufressen, alles zurückzuhalten ... Genau das ist der Grund, warum ich nichts habe und deine Mutter alles.«

»Du bist nicht sauer?«

Großvater lachte.

»Natürlich nicht! Ich bin stolz ... Obwohl ich dir nicht ganz recht gebe bei dem Punkt, dass alle meine Pläne immer nutzlos sind ...« Er gluckste in sich hinein.

Marty setzte sich, seine Augen, sein Kopf, sein ganzer Körper schmerzte. Großvater wuschelte ihm durchs Haar und reichte ihm seinen Tee.

»Weißt du, das Feuer, das du in dir trägst … das wird dich weiterbringen. Du kannst nicht alles einschließen. Du musst auf der Welle reiten. Lass dich von all diesen Gefühlen mitreißen … so wie Gracie, wenn sie tanzt. Schäme dich nicht für das, was du fühlst. Große Gefühle werden zu großen Träumen, zu großartigen Dingen.«

»Bist du sicher?« Marty fühlte sich zittrig, wie ein frisch geschlüpftes Küken, als er in das Morgenlicht blinzelte.

»Ich bin überzeugt davon. Wir müssen nur weiter daran glauben … Deine Mutter hat ein paar eigene Probleme, an denen sie arbeiten muss. Das ist nicht ihre Schuld. Sie braucht nur Zeit …«

Ein trauriges kleines Lächeln trat auf Martys Lippen.

»Wie wär's mit einem Tag schulfrei heute? Ich schreibe dir morgen eine Entschuldigung, wenn du wieder hingehst, und … schauen wir mal, ob wir entscheiden können, welchen von diesen Kürbissen wir behalten.«

Marty nickte und sah zu, wie der Morgen Geschäftigkeit in die Schrebergärten brachte. Sadiq wässerte bereits seine Pflanzen. Die alte Dame in

Garten sieben streute Vogelfutter aus und machte komische Quietschgeräusche mit den Lippen, wie Küsse, um die Vögel anzulocken. John Trinidad pflanzte etwas in der Morgendämmerung.

Großvater hatte recht. Marty fühlte sich tatsächlich etwas besser. Ein bisschen leichter. Er rieb sich mit der Hand den Nacken und betrachtete die riesige Kürbispflanze, die sich einen Weg durch den Garten bahnte. Nur eine Sache bedrückte ihn, und zwar die Frage, wie er sich wieder mit Gracie vertragen sollte.

Kapitel 15

Großvaters Apartment war klein. Marty war es gewohnt, keinen Platz zu haben, aber Großvaters Ein-Zimmer-Apartment war auf andere Weise klein als Martys Haus. Es war einfach winzig. Ein Raum, eine halbe Wand, dahinter eine Toilette, und ein zweiflammiger Elektroherd. Als er klein gewesen war, war er öfter zum Übernachten hergekommen, aber mit dem Wirtshaus unten und Leuten, die grölten und Bier tranken und draußen herumlärmten, hatte Marty nicht viel Schlaf bekommen. Nun sah er zu, wie Großvater seinen Filzhut bürstete.

Großvater hatte mit seiner Mutter telefoniert. Marty würde für eine Weile bei ihm bleiben. Er hatte ihr erklärt, dass Marty nun erwachsen würde und die Dinge anders wahrnehme und dass seine schulischen Leistungen leiden würden. Marty hatte sie am anderen Ende der Leitung weinen hören, doch Großvater war hart geblieben. Sie brauche etwas

Zeit, um selber klarzukommen, und das sei nicht fair gegenüber dem Jungen. Marty tat es im Herzen weh, als er später die erstickten Schluchzer seiner Mutter hörte, doch er versuchte, ebenfalls hart zu werden.

Gracie hatte ihn in der Schule nicht beachtet. Jedes Mal, wenn er versuchte, sie zu erwischen, um sich bei ihr zu entschuldigen, war sie davongehuscht. Jedes Mal, wenn er ihr eine Nachricht zusteckte, warf sie sie ungelesen in den Mülleimer. Er musste ihr so vieles sagen. Wie groß der Kürbis geworden war, dass er zu Großvater gezogen war und dass es ihm wirklich, wirklich, wirklich leidtat. Doch es hatte keinen Sinn. Es war, als würde sie sich jedes Mal in Luft auflösen.

Großvater wandte sich ihm zu. »Bereit?«

Marty hatte bisher noch nie jemanden gehabt, den er zum Elternsprechtag hätte mitbringen können. Nun, es mag cool klingen, dass er das ausfallen lassen konnte, weil niemand sich dafür interessierte. Doch jetzt, da er Großvater mitbringen konnte, fühlte sich Marty ein kleines bisschen größer.

Miss James saß da wie eine steife Herzogin, als sie in ihr Büro kamen. Auf den Fluren wimmelte

es nur so von Eltern und Kindern, doch hier war es still. Offensichtlich kamen hierher nur die »Problemfälle«.

»Wie hübsch Sie heute Abend aussehen!«, sagte Großvater augenzwinkernd, und Marty war sich ganz sicher, dass Miss James ein bisschen errötete. Hätte er es nicht mit eigenen Augen gesehen, dann hätte er es wohl kaum geglaubt. Gebannt sah Marty zu, wie Großvater sich an die Arbeit machte.

»Bevor wir beginnen, möchte ich Ihnen dafür

danken, dass Sie so eine wundervolle Bildungseinrichtung leiten. Mein Enkel hier preist Sie und Ihr Personal in den höchsten Tönen.«

Miss James konnte den Blick nicht von Großvater abwenden. Marty bemerkte, dass sie sich in ihrem Stuhl aufrichtete.

»Ich meine, wir können von Glück sagen, dass wir in unserer Gemeinde eine Schule haben, die so vorzüglich geführt wird.«

Miss James sah aus, als sei sie tausend Jahre lang auf Händen und Füßen in der Wüste der Verkannten herumgekrochen, bis sie nun endlich eine Oase der Würdigung entdeckte.

»Nun, ähm, danke ...«

Doch bevor sie fortfahren konnte, unterbrach Großvater sie.

»Ich möchte mit Ihnen über Marty sprechen, wenn Sie erlauben ...«

»Also, ja, natürlich. Deswegen wollte ich Sie ja sehen ...«, sagte sie, wieder in der Defensive.

»Wie Sie wissen, ist er sehr erfindungsreich ...«

»Nun, ja ...« Sie errötete leicht, denn sie kannte Marty nicht besonders gut.

»Und Sie wissen, dass er hart arbeitet.«

»Also, ich wollte wegen seiner Hausaufgaben fragen ...«

»Hausaufgaben!« Großvater lachte. »Nun, nun.

Bestimmt kennen Sie einen gewissen Albert Einstein.«

»Ja natürlich, aber …«

»Versagte komplett in seinen Tests. Hoffnungslos. Prüfungen waren einfach nicht sein Ding.«

»Tatsächlich?«

»Absolut. Wie sich herausstellte, lag es nicht an ihm. Die Schule war einfach nicht das Richtige für ihn.«

»Ja, aber … Mr …?«

»Nennen Sie mich Cuthbert. Ich glaube, Sie sind Elaine, nicht wahr?«

»Äm, ja …« Miss James war völlig aus der Fassung geraten. »Ich denke, wir sollten über Martys Fähigkeiten sprechen«, sagte sie.

»Ich auch! Mit Sicherheit geben Sie mir recht, Elaine, dass das wahre Anzeichen für Intelligenz nicht Wissen, sondern Erfindungsreichtum ist. Raten Sie, wer das gesagt hat …?«

Miss James wirkte ratlos.

»Wieder Einstein …« Großvater strahlte sie an. »Ich bin so froh, dass wir uns da einig sind. Marty hat seine Sache gut gemacht und dank Ihnen wird er zu einem feinen jungen Mann heranwachsen! Und wie wir alle wissen, darf man niemanden nach seinem Äußeren beurteilen, noch weiß man, was aus der Raupe wird, bevor sie ausgewachsen ist.«

»Äh … Ich schätze nicht …«

»Nun, wie schön, dass wir alle einer Meinung sind.« Großvater war jetzt aufgestanden. Er warf Miss James sein strahlendstes Lächeln zu. »Toll, dass wir uns endlich kennengelernt haben!« Dann warf er ihr einen langen, prüfenden Blick zu und holte ganz tief Luft. »Sie sind wirklich eine Inspiration! Eine *solche* Inspiration!«

Dann drehte Großvater sich um und zog Marty mit sich nach draußen. Er ließ eine Miss James zurück, die aussah, als sei sie gerade von einer besonders charismatischen Dampfwalze überrollt worden.

Großvater und Marty holten sich auf dem Heimweg ein paar Pommes und beschlossen, am Schrebergarten vorbeizuschauen, um nach dem Kürbis zu sehen. Großvater fachte das Feuer an und zog seinen quietschenden Stuhl nach draußen. Marty stellte einen alten Baumstumpf hochkant und setzte sich. Sie aßen die Pommes und schauten in die Flammen, wobei ihre Gesichter glühend heiß waren und ihre Rücken eiskalt.

»Danke für heute Abend«, sagte Marty.

Großvater lächelte. »Keine Ursache …«

Sie hörten eine Weile zu, wie das Holz in den Flammen knisterte.

»Es stimmt, weißt du … Was ich über Einstein gesagt habe …«

Marty dachte einen Moment darüber nach.

»Es gibt nichts, was wir nicht erreichen können, wenn wir davon träumen …«, fügte Großvater an.

Marty war voller Zweifel.

Großvater musterte ihn. »So, du willst also wissen, was der große Plan ist?«

Marty schaute auf. Großvater war bis zur Kante seines Stuhls gerutscht.

»Wirst du es mir dieses Mal wirklich sagen?«

»Ich denke, es ist an der Zeit …« Großvaters Augen strahlten plötzlich ganz aufgeweckt. Er beugte sich zu Marty. Schaute um sich. Wollte sichergehen, dass niemand zuhörte. Nicht, dass um diese nachtschlafende Zeit außer ein paar Eulen irgendjemand in der Schrebergartenanlage gewesen wäre.

»Was werden wir tun, Großvater?«

Großvater machte eine dramatische Pause, bedachte Marty mit einem Lächeln und sagte …

»Wir reisen nach Paris …«

»Was?«, rief Marty. »Hast du im Lotto gewonnen, oder was?«

»Nö! Aber es ist ein absolut grandioser Plan, mein

lieber Marty! Wir werden nämlich nicht mit dem Flugzeug fliegen …«

»Tut mir leid, Großvater, ich kapier's nicht …«

Großvater nahm sich Zeit und genoss Martys verwirrten Gesichtsausdruck.

»Wir werden diesen Kürbis großziehen, bis er RIESIG ist.« Jetzt strahlten seine Augen. »Und dann, wenn er nicht größer werden kann, höhlen wir ihn aus, bauen einen Außenbordmotor dran und ein Segel, und auf geht's!«

Marty wusste nicht, was Großvater erwartet hatte, eine Runde Beifall oder so, doch er starrte ihn einfach nur mit offenem Mund an.

»Wir werden in einem Kürbis nach Paris segeln?«

»Genau! Und bevor du es für eine verrückte Idee hältst: Ich habe alles genau berechnet! Sie sind schwimmfähig. Ich bin mit dem Flicken des alten Außenbordmotors schon fast fertig. Jetzt brauchen wir nur noch guten Fahrtwind, und – schwups – sind wir in Paris!«

Marty begann zu lachen. Lachte und lachte. Es begann mit einem Grinsen, wurde dann zu einem Kichern und Glucksen und einem Prusten, bis es in einem kräftigen Lachen aus vollem Halse endete. So hatte er nicht mehr gelacht, seit er ein kleines Kind gewesen war.

Großvater suchte in seinem Gesicht nach einer

anderen Reaktion als Gelächter. Als Marty endlich aufhörte, während ihm Tränen über die Wangen rollten, kratzte Großvater sich am Kopf und beugte sich zu ihm.

»Und? Was hältst du davon?«

Marty schaute ihn an. Er meinte es todernst.

»Großvater, ich glaube, du spinnst!«

Großvater wirkte etwas geknickt.

»Ich meine, das macht doch keinen Sinn. Das ist total irre!«

Großvater überlegte.

»Marty, mein Junge, ich bin lieber irre als langweilig. Denk doch mal drüber nach! Du. Ich. Das prächtige Kürbisboot und das große, weite Meer.«

»Aber das ist unmöglich!«

»Ist es nicht! Guck doch mal! Der Kürbis sieht schon ganz groß aus! Wir müssen ihn nur noch ein bisschen anschwellen lassen. Dann brauchen wir etwas Bauschaum, ein Segel, ein Seil und Hilfe von Colin, dem Milchmann. Aber Marty, ich bin absolut sicher, dass wir das schaffen können!«

Marty blickte verwirrt drein und Großvater nahm seine Hand.

»Hör mir zu, Marty. Ich weiß, dass du … es war nicht leicht für dich. Leute haben dich im Stich gelassen, aber du darfst deine Träume nicht aufgeben. Du darfst unter keinen Umständen aufhören zu glauben, dass alles möglich ist. Und wenn ich in diesem Leben irgendwas erreichen kann, dann werde ich es dir beweisen …«

Marty versuchte, nicht loszuheulen. Das war momentan echt schwer. Es war, als würden all die Tränen genau unter der Oberfläche brodeln, und es brauchte nur den kleinsten Anstoß, dann – zisch – kamen sie alle herausgeschossen.

»Das wird großartig, Marty! Vertrau mir.«

Marty schaute ihn an, sein Gesicht wurde vom Feuer erleuchtet. Vertrauen wollte er ihm von ganzem Herzen, mehr als alles andere.

Kapitel 16

Gracie hatte eine Woche lang jeden Abend auf ihrem Bett gesessen und darüber nachgedacht, was Marty gesagt hatte. Manchmal ging sie zum Fenster und beobachtete, wie Marty und sein Großvater im Schrebergarten arbeiteten. Sie wäre am liebsten hinübergegangen. Sie wusste, dass er es nicht so gemeint hatte, dass er wütend gewesen war, doch sie war jetzt auch wütend. Es war ihr gelungen, ihm in der Schule aus dem Weg zu gehen, und sie hatte das Licht zu Hause aus gelassen, obwohl sie da war, für den Fall, dass Marty vom Garten herüberkommen sollte.

Heute hatte sie gewartet, bis alle die Schule verlassen hatten – die Lehrkräfte, die lange arbeiteten, und das Reinigungspersonal –, und als die Schule ganz leer gewesen war, hatte sie sich auf den Rasen gesetzt und ihre Schuhe und Socken ausgezogen. Sie hatte ihr Handy an die Flüstermauer gelehnt und ihre Augen geschlossen. Sie hatte sich konzentriert, doch es schien nichts da zu sein. Nun, vielleicht nicht gerade nichts, sie war voller Wut. Missmutig. Einen Moment lang erschrak sie. Gracie öffnete die Augen und schloss sie wieder, dann versuchte sie es noch einmal. Sie wartete, dass ihre Arme und Beine von der Musik erfasst wurden, doch wieder passierte nichts. Sie öffnete die Augen. Aufgewühlt.

Dann ging sie nach Hause. Den ganzen Weg. Ihre Füße stampften über den Bürgersteig, bis sie den Gartenweg hinauflief und die Tür hinter sich zuknallte. Sie hatte auch vorher schon heftige Dinge erlebt. Es war ja nicht so, dass sie noch nie von den Worten der Leute verletzt worden wäre. Aber jetzt fühlte sie sich einfach nur dämlich. Beschämt. Als hätte sie Marty diese Seite von sich gezeigt und er hätte sie mit Füßen getreten.

»Huch, alles in Ordnung?«

Es war ihr Vater. Sie hatte nicht erwartet, dass er zu Hause war.

»Du siehst aus, als wolltest du jemanden umbringen …«

Er stand da, in einem frischen Hemd und einer Jeans, und machte sich offensichtlich ausgehfertig.

»Das ist nicht witzig, Dad.«

»Gracie? Was ist los?«

Aber Gracie wandte sich ab, um nach oben zu gehen, ihm aus dem Weg. Dann drehte sie sich doch um und sah ihn an.

»Nichts. Okay? Mir geht's gut. Mir geht's total gut.«

Sie überlegte, ihm alles zu erzählen. Manchmal wollte sie das wirklich, doch sie wusste einfach nicht, wo sie bei dem ganzen Schlamassel anfangen sollte.

»Du weißt, dass du mit mir reden kannst, oder?«

»Kann ich das?«

Bei diesen Worten wirkte er verletzt. Er kam auf sie zu.

»Natürlich. Du siehst so aufgebracht aus.«

Gracie war aufgebracht. Sie war müde und aufgebracht und fühlte sich wirklich dumm. Ihr Vater schaute sie an.

»Es ist nur …«, begann sie.

»Es ist nur was?«, hakte er nach.

Da klingelte sein Handy. Gracie schaute zum Tisch. Wollte, dass er es nicht hochnahm. Natürlich nahm er es hoch. Dann dachte sie, er würde nur auf die Nummer schauen und es dann wieder weglegen, doch das tat er nicht. Er wirkte verlegen, dann schuldbewusst. »Es macht dir doch nichts aus, wenn ich schnell rangehe, oder?«, fragte er und tat es sowieso.

Dann sprach er mit jemandem über die Arbeit, den Gracie nicht kannte. Sie schleuderte die Schuhe in eine Ecke und stieg die Treppe zu ihrem Zimmer hoch. Als er wieder nach ihr sehen wollte, hatte sie sich schon im Badezimmer verbarrikadiert und den Wasserhahn aufgedreht, damit er denken würde, dass sie ein Bad nahm. Dann saß sie auf dem Rand der Badewanne und wartete, dass er ging, bis sie schließlich das Vibrieren der zuschlagenden Haustür durch ihre nackten Füße spürte.

Kapitel 17

Einige Wochen waren vergangen. Es war jetzt Mitte Juli und der Kürbis hatte aufgehört zu wachsen. Obwohl er regelmäßig mit Seetang-Tee gefüttert und mehrmals am Tag gewässert wurde, weigerte sein Bauch sich stur, noch weiter anzuschwellen. Er war von der Größe eines Fußballs zu der eines großen Wasserballs gewachsen, doch jetzt war er irgendwie ins Stocken geraten. Als hätte er gedacht: *Das reicht jetzt, danke. Ich bin fertig.*

Großvater hatte ihn jeden Tag mit einem Maßband vermessen und war stiller und stiller geworden und immer nachdenklicher. Marty hatte ihn beobachtet, unfähig, irgendwelche Ideen beizusteuern, und dann tat Großvater etwas sehr Überraschendes. Etwas wirklich unglaublich Überraschendes. Etwas, das Marty ihm in einer Million Jahren niemals zugetraut hätte. Er rief eine Versammlung ein. Eine Schrebergarten-Versammlung. Er verteilte ein paar alte Farbeimer, auf denen die Leute sitzen konnten, und machte ein Feuer. Er bockte ein altes Brett auf und benutzte den Tee-Rührer 300 als Staffelei. Auf dem Brett breitete er die Karte von der Schuppenwand aus. Marty hatte absolut keine Ahnung, was er im Schilde führte.

Marty sah zu, wie Sadiq und John, die Dame aus Garten sieben, deren Namen niemand kannte, Colin der Milchmann und ein paar andere herüberkamen. Sie redeten untereinander, wunderten sich, was zum Himmel hier vor sich ging, als Großvater mit einem Löffel auf einen alten Blecheimer schlug und zur Ordnung rief. Er räusperte sich, und ausnahmsweise war Marty sich einmal sicher, dass er eine gewisse Nervosität in Großvaters Augen entdeckte. Marty wählte den Platz, der dem Kürbis am nächsten war, und wartete.

»Gut, ich habe euch unter strikter Geheimhaltung eingeladen, weil Marty und ich … nun, wir brauchen eure Hilfe.«

Alle schauten sich an.

»Ich habe alles versucht, aber ich kriege es einfach nicht hin, dass dieser Kürbis weiterwächst …«

John kratzte sich am Kopf. »Du hast uns herbestellt, um Tipps zu bekommen, wie du diesen Kürbis zum Wachsen bringen kannst?«

»Ja«, gab Großvater zu und nestelte an seinem

Kragen herum, da ihm so heiß war. »Doch das hat einen ganz bestimmten Grund …«

Und dann erzählte er ihnen *alles*. Über den Kürbis und den Plan und Paris und die ganze Geschichte. Marty konnte es kaum glauben, dass er einfach so loslegte und ihnen das anvertraute. Das war so riskant, so mutig und verrückt, dass es sich wie Wahnsinn anfühlte.

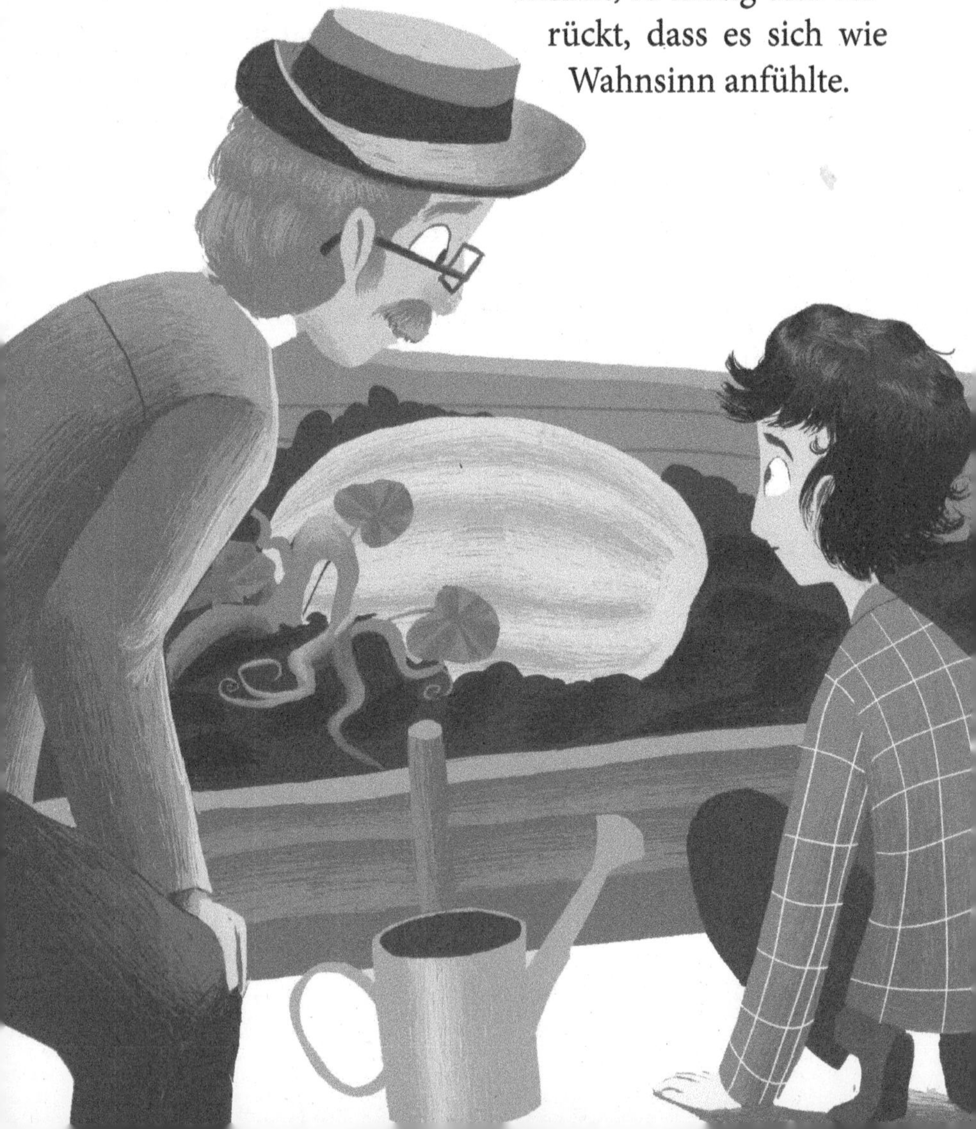

»Wir haben vier Tage lang einen frischen Kürbis. Ich meine, wenn ihr schon mal diejenigen gesehen habt, die nach Halloween an den Wänden hängen, dann wisst ihr, dass sie ewig halten.« Großvater fuhr fort. Er zog ein abgenutztes Buch mit *Gezeitentabellen* aus seiner Hemdtasche und begann, es durchzublättern.

»Ich habe es schon durchgeplant. Es gibt eine Lücke, vier Tage lang Ende August. Wenn wir hier am siebenundzwanzigsten August losfahren, werden wir günstiges Fahrwasser für den ganzen Hin- und Rückweg haben.«

Seine Hände zitterten, als er das Buch mit *Gezeitentabellen* zurück in seine Tasche stopfte und fortfuhr. Er zog die Antenne eines alten Radios zu voller Länge aus und zeigte damit auf die Karte.

»Wenn wir den Kürbis bis nach Southampton bekommen, sind es noch einhundertsiebenundzwanzig Seemeilen bis nach Le Havre.«

Die Zuhörerinnen und Zuhörer folgten seinem Zeigestock auf der Karte über die weite, leere Fläche zwischen England und Frankreich.

»Ich schätze, mit Vollgas kriegen wir diese Maschine auf eine Geschwindigkeit von etwa fünfundzwanzig Knoten. Wenn wir guten Rückenwind haben, sind das …« Großvater verzog angestrengt das Gesicht beim Rechnen.

»Vier Stunden …«, bot Colin an.

»Genau. Vier Stunden.«

Jetzt wurde Großvater ganz aufgeregt. Marty spürte es. Er kritzelte die Zahlen mit einem abgekauten Bleistift, der hinter seinem Ohr steckte, auf die Karte. »Das ist eine unbedeutende, popelig kurze Entfernung! Das schaffen wir mit links! Zwischenstopp bei Le Havre in der Nacht hier … und zack! Am nächsten Morgen schippern wir schon die Seine hinauf …«

Sadiq kratzte sich am Kopf. Marty lauschte, während die versammelten Leute versuchten, Großvaters Plan zu begreifen.

»Ihr wollt die Seine hinauf?«, fragte Sadiq.

Großvater schaute ihn an, als sei er verrückt.

»Natürlich!«, sagte er, als sei es das Einfachste der Welt. »Wir segeln hinauf. Es sind etwa sechsundneunzig Meilen. Wir fahren ganz früh. Die Seine ist den Gezeiten unterworfen. Wir werden am späten Vormittag auf ihr quasi in die Stadt hineingeschwemmt.«

»Nach Paris?« Colin schaute auf.

»Ja. Paris«, sagte Großvater.

Marty lachte.

»Habe ich das richtig verstanden, ihr Herzchen?«, fragte Colin vorsichtig nach. »Ihr wollt diesen Kürbis so lange wachsen lassen, bis er riesig ist, ihn aushöhlen, einen alten Motor dranstecken, und dann wollt ihr einfach mal so mit einem Kürbis nach Paris segeln?«

Großvater setzte sich und rieb sich begeistert den Bauch.

»Ganz genau! Unser einziges Problem ist, dass der Kürbis nicht weiterwächst. In sechs Wochen muss er so groß sein wie ein Familienauto, und im Moment wird das zunehmend unwahrscheinlicher.«

Colin sah völlig verblüfft aus. Marty spürte, wie Großvaters Aufregung die anderen langsam ansteckte. Er spürte, wie ihre Herzen und Köpfe begannen, sich mit der Vorstellung anzufreunden. Die Dame aus Garten sieben fing an zu kichern, und alle begannen, sich anzulächeln. Marty wartete mit einem mulmigen Gefühl im Magen darauf, dass einer von ihnen reagierte.

»Nun, dann müssen wir uns was überlegen!«, sagte Colin. »Ich glaube, das ist das Beste, was ich je gehört habe!«

Marty wäre ihm am liebsten um den Hals gefallen.

Und dann fingen die anderen an zu klatschen.

Großvater sah Marty über ihre Köpfe hinweg an und zwinkerte.

Nach einer schnellen Tasse Tee, die sie nacheinander trinken mussten, weil es nicht genug Becher gab, drängten sie sich ums Feuer, um Vorschläge auszutauschen.

»Hast du's schon mit Eierschalen versucht?«, fragte Sadiq.

Großvater nickte.

»Bier?«, fragte John.

»Das haben wir auch ausprobiert …«

Jetzt, da alle wussten, wie wichtig es war, dass dieses Ding so groß wie möglich wurde, fingen sie an, sich das Hirn zu zermartern, wie man das anstellen könnte. Der Seetang-Tee hatte bis zu einem bestimmten Grad gewirkt, doch der Kürbis schien etwas Spezielles zu brauchen. Etwas, das ihn zum Weiterwachsen brachte.

»Hast du versucht, ihm vorzulesen?«, fragte eine leise Stimme. Es war die Dame aus Garten sieben. »Manche Leute schwören darauf, mit ihren Pflanzen zu reden.«

Großvater schüttelte den Kopf. »Einen Versuch ist es wert.« Er notierte es.

»Was ist mit Vogelmist?« Das war Colin.

»Ich habe Vogelmist«, sagte die Dame aus Nummer sieben wieder.

Marty sammelte die Becher ein und machte eine weitere Runde Tee. Er hatte noch nie so ein Gebrumm im Schrebergarten gehört. Es war, als läge ein wenig Elektrizität in der Luft. Der Zauber eines gemeinsamen Abenteuers. Alle waren Teil des Plans und zur Geheimhaltung verschworen. Jedes Mal, wenn er an Großvaters Abenteuer dachte, wurde ihm mulmig. In ihm ruckelte es ein bisschen. Er wünschte nur, Gracie wäre bei ihm, damit er mit ihr darüber reden könnte. Er stellte sich vor, ihr alles zu erzählen. Malte sich ihren Gesichtsausdruck aus. Das, was sie sagen würde.

Er sah zu ihrem Haus hinüber – leblos lag es da. Keine Bewegung. Marty hatte sich Hunderte Wege überlegt, um sich zu entschuldigen, doch keiner davon fühlte sich richtig an. Darum hatte er am Ende die Idee mit dem Boot auf ein Stück Papier gemalt, zusammen mit der Entfernung nach Paris und einem wackeligen Bild des Eiffelturms. Und da er nicht wusste, was er sonst tun sollte, hatte er es in der Mittagspause in Gracies Tasche geschoben, die an ihrem Haken hing, und war davongeschlichen. Doch seitdem waren schon Tage vergangen und er hatte nichts gehört. Er brachte den Kessel zum

Kochen und blickte auf die zusammengedrängte Gruppe vor dem Feuer. Marty wünschte sich von ganzem Herzen, sie wäre da.

Kapitel 18

Sadiq hatte Großvater seine Wassertonne geliehen, damit sie den Kürbis einfacher mit Wasser versorgen konnten. John Trinidad hatte ein rätselhaftes Pulver auf die Wurzeln des Kürbisses gestreut und stand dann da und beschwor ihn zu wachsen. Die Dame aus Garten sieben hatte begonnen, ihm Gedichte vorzulesen. Sie fing mit den Romantikern an, arbeitete sich durch Keats und Coleridge, bis sie schließlich beschloss, dass der Kürbis vielleicht lieber etwas Moderneres mochte. Von da an versuchte sie es mit Dylan Thomas, Maya Angelou und Benjamin Zephaniah, aber ohne Erfolg. Colin der Milchmann hatte Eimer voll Vogelkacke ausgeschaufelt und verteilt, in der Hoffnung, dass es half. Eine Woche war vergangen, doch der Kürbis hockte immer noch hartnäckig in der gleichen Größe da.

Großvater jedoch hatte versucht, die Dinge so

fröhlich wie immer zu betrachten. Da es der erste richtig warme Sommertag war, hatte er den klapprigen Tisch aus dem Schuppen nach draußen geholt und machte sich daran, am Außenbordmotor zu werkeln, bis seine Finger und seine Kleidung mit Öl bedeckt waren. Es war, als würde er den Traum am Leben halten, indem er an seinem Plan festhielt.

Marty hatte sich den ganzen Tag lang beschäftigt, den Kürbis gewässert und gedüngt und Gelegenheitsarbeiten in den Schrebergärten erledigt. Er hatte Großvater bei seinen kleinen Verbesserungen des Motors über die Schulter geschaut und gelacht, als er ihn angeworfen hatte. Denn die Maschine puffte schwarze Rauchwolken in alle Richtungen, bis sie fast erstickten.

Nun wurde es dunkler, Martys Lieblingszeit in der Schrebergartenanlage. Die Bienen summten faul, und man konnte regelrecht spüren, wie alles für die Nacht ausatmete, sich entspannte. Jede einzelne Pflanze. Die Gänseblümchen schlossen ihre Blütenblätter am Abend und die anderen Blumen verströmten ihre Düfte. Das Licht wurde ebenfalls weicher, und der gelbe Schimmer des Tages reifte zu Pfirsichfarben, dann zu Blau und schließlich zu einem tiefen, satten Dunkelblau.

Marty kochte seinem Großvater Tee und fachte

das Feuer an. Er sah eine Weile zu, wie die Funken vom Wind nach oben getragen wurden. Er hatte ein paar Hausaufgaben gemacht, so wie von Mr Garraway vorgeschlagen. Marty hatte sie mit zum Schrebergarten genommen und erledigt, während sein Großvater herumwirtschaftete. Colin der Milchmann hatte Marty etwas geholfen. Er war gut in Mathe, und Sadiq war der Richtige, um ihm bei Fremdsprachen unter die Arme zu greifen. Marty hatte in kurzer Zeit sehr viel geschafft. Er hoffte, es würde ausreichen, um ihn bis zum Ende des Sommerhalbjahrs in ein paar Wochen über die Runden zu bringen. All das fühlte sich jetzt wichtiger an. Das lag auch am Gespräch mit Mr Garraway. Sein Rat, dass Marty ein Gehirn hatte und es in seiner Verantwortung lag zu schauen, wo es hinwollte, hatte ihn beeindruckt.

Die Flammen wurden stärker, tauchten alles in ein sanftes, bernsteinfarbenes Licht. Jetzt wurde es noch dunkler und Marty sah zu dem Kürbis hinüber. Er schien im Feuerschein fast zu glühen. Das war natürlich ein Trugbild, aber etwas an seiner orangen Haut ließ ihn so wirken, als sei er in einem Schmelzofen gegossen worden. Marty stand auf und verließ die Wärme des Feuers. Er setzte sich direkt neben die Kürbispflanze.

Dass der Kürbis bis zum Ende des Sommers so

groß werden würde wie ein Familienauto, schien immer noch unmöglich. Er musste so groß sein, dass Marty und Großvater bequem hineinpassten, und hoch genug, dass er nicht zu tief im Wasser lag. Die Haut musste ziemlich dick sein, um Wasser und Wellen standzuhalten, und die Kürbiswände stark genug, um schlechtem Wetter zu widerstehen. Das war eine große, *große* Aufgabe. Marty betrachtete den Kürbis. Seine Haut leuchtete knallorange.

Er saß einen Moment daneben, dann zog er sein kleines Modell des Eiffelturms aus der Tasche. Es war nur ein paar Zentimeter hoch. Aus einem silbrigen Metall, das mittlerweile an ein paar Stellen abgestoßen war. Er drehte es zwischen den Fingern und beobachtete, wie es im warmen Licht glänzte. Es fühlte sich so vertraut an. Er kannte jede Ecke. Jeden Bogen. Sein Vater war in Paris geboren. Das war eins der wenigen Dinge, die er über ihn wusste. In seinem Geist konnte er die beiden kaum voneinander trennen. Den Eiffelturm und Dad. Als er klein gewesen war, erinnerte er sich, hatte er ihn gefragt, wo die Sonne in der Nacht hinging oder wie viele Sterne es gab, aber nun, da er älter wurde, hatte er andere Fragen. Marty drehte den Turm weiter in seinen Händen und dachte an seinen Vater da draußen in der Welt.

»Großvater sagt, wir werden in dir segeln«, flüsterte er dem Kürbis zu. »Es ist total irre, aber er sagt, dass du uns zum Eiffelturm bringst.«

Marty lauschte. Doch da war nur das Geräusch von Großvaters Werkeln und dem Knacken des Feuers.

»Ich weiß, dass es nicht wahr ist, aber …« Marty lächelte sehnsüchtig. »Ein Teil von mir wünscht sich, das wäre es …«

Er schaute zu Großvater hinüber, der seine Arbeit an dem Motor nun einstellte. Marty stand auf und half Großvater, sein Werkzeug wegzuräumen. Es war schon spät und sie mussten nach Hause. Marty schloss das Gartentor hinter ihnen und sie machten sich auf den Heimweg.

Der Kürbis knarzte, seine Haut leuchtete im verlöschenden Schein der Glut. Seine Ranken rollten sich etwas ein, als sein rundlicher Körper anschwoll und ächzte. Er dehnte sich aus. Schob seine Mitte auseinander. Er wurde größer und größer, bis er so groß war wie ein LKW-Reifen. Als Marty und Großvater die Schrebergartenanlage verließen, prangte er auf der dunklen Erde, glühend wie eine prächtige untergehende Sonne.

Kapitel 19

Marty traute seinen Augen nicht. Großvater stand staunend neben ihm, dann nahm er seinen Hut ab und kratzte sich am Kopf.

»Was um Himmels willen hast du ihm gestern Abend gegeben, Marty?«

Martys Herz klopfte heftig in seiner Brust. Sein Mund wurde trocken.

»Ich weiß nicht … Ich …«

»Er ist doppelt so groß geworden! Und das über Nacht!«

»Ich … Ich … Ich habe ihm Tee gebracht … wie du mir gesagt hast … und ich …«

Die Seiten des Kürbisses quollen über das Hochbeet.

»Aber … aber das ergibt keinen Sinn.« Mit großen Augen stand Großvater da. »Ich meine, ich weiß … ich weiß, dass der Tee hilft, die Bananen und das Pipi …«

»Echt jetzt, Großvater – es war *Pipi*?«

»Natürlich«, sagte Großvater zerstreut, »aber ich habe noch nie einen Kürbis gehabt, der seine Größe über Nacht verdoppelt hat.«

Marty durchforstete sein Hirn.

»Ich habe ihm etwas Tee gegeben und dann …« Er versuchte nachzudenken. Er hatte an Gracie gedacht, daran erinnerte er sich. Er wusste auch noch, dass er mit dem Kürbis gesprochen hatte … gesagt hatte, dass er sich wünschte … Marty fiel die Kinnlade runter.

Großvater musterte ihn. »Was? Was ist, Marty?«

»Ich … ich habe mit ihm gesprochen … und …«

Marty fühlte sich, als würde er gleich umkippen. Er fühlte sich immer irgendwie seltsam, wenn er in der Nähe des Kürbisses war. Er fühlte Dinge. Er fühlte die Energie der Kürbispflanze. Er fühlte etwas in sich beben. Er fühlte sich lebendig …

»Was, Marty? Sag's mir …«

»Ich habe mit ihm gesprochen … und …«

Es ergab überhaupt keinen Sinn, aber irgendwie wusste Marty, dass es stimmte. Dann rannte er los.

»Marty!«, rief Großvater ihm hinterher.

Marty rief über seine Schulter: »Ich bin in zwei Minuten zurück!«

Er sauste quer durch die Schrebergartenanlage, hüpfte über Zäune und Pflanzen, überall erklangen

Rufe wie »Ey! Was machst du?« und »Marty, bist du das?«. Er lief geradewegs auf Gracies Haus zu und sprang über die Hecke. Er rannte den Betonweg hinauf und betete, dass Gracie zu Hause war. Die Tür war zum Glück nur angelehnt, es musste also jemand zu Hause sein. Er drückte sie auf und stürmte hinein.

»Gracie? GRACIE!«

Seine Stimme wurde von den Fliesen zurückgeworfen.

»Gracie? Bist du da?«

Er hörte Schritte, dann sah er Gracie die Treppe hinunterkommen. Sie blieb auf der Hälfte stehen. Sie musterte ihn, wie er dastand mit seinen dreckigen Schuhen und den makellosen Boden verschmutzte.

»Du musst mitkommen …«

»Was um alle Welt machst du hier, Marty?«

Martys Brust hob und senkte sich heftig.

»Komm … komm mit mir …«

Gracie schüttelte den Kopf.

»Ich rede nicht mehr mit dir, schon vergessen?« Sie verschränkte die Arme.

»Sieh mal, ich weiß, dass ich es vermasselt habe. Ich weiß, dass ich total fies war. Das spielt jetzt alles keine Rolle. Kommst du bitte mit?«

Gracies Entschlossenheit geriet ins Wanken. Sie

hatte ihn noch nie so gesehen. Seine Wangen leuchteten rot und seine Augen glänzten. Jetzt hielt er ihr die Hand hin.

»Komm schon …«

Gracie zog sich widerwillig die Stiefel an und folgte ihm aus der Haustür, die noch sperrangelweit offen stand.

Sie rannte ihm hinterher bis zum Schrebergarten, wo Großvater noch immer auf den riesigen Kürbis starrte und sich den Kopf kratzte.

»Sprich mit ihm«, sagte Marty atemlos.

Gracie sah ihn an. »Wie bitte?«

»Erzähl ihm … erzähl ihm deine Träume …«

»Bist du bekloppt? Bist du dieses Mal voll und ganz übergeschnappt?«

»Nein, hör mir zu.« Martys Gesicht war nun ganz ernst.

»Du musst ihm … deine Wünsche erzählen … deine Träume … ich kenne niemanden mit größeren Träumen als dich.«

Sogar Großvater sah jetzt verwirrt aus.

Marty schaute Gracie an. Wartete, dass sie etwas sagte.

»Mach schon …«

Gracie schüttelte ihren Kopf. »Nein.«

»Gracie, bitte. Erzähl ihm von deinem Wettbewerb. Davon, dass du Tänzerin werden willst.«

Jetzt wirkte Gracie betrübt.

»Das wird nichts. Das hast du selbst gesagt … Es war ein dummer Traum.«

Marty schüttelte den Kopf.

»Ich lag falsch, Gracie. Ich lag so voll und ganz daneben. Es ist möglich …«

Er trat zu ihr und nahm ihre Hände.

»Du kannst eine großartige Tänzerin sein. Du wirst es in diesem Wettbewerb krachen lassen, und ich … Großvater und ich werden in diesem Kürbis nach Paris segeln …«

Gracie schaute ihn an. Marty glühte förmlich.

»Du musst mir vertrauen! Erzähl es einfach. Glaub daran. Ich verspreche dir … das wird großartig.«

Irgendetwas in seinen Augen veranlasste Gracie zu nicken. Sie wandte sich um, nickte noch einmal und ging auf den Kürbis zu. Unsicher blickte sie zu Marty und seinem Großvater zurück. Schluckte schwer.

Der Kürbis lag, hübsch und rund, in der warmen Sonne.

»Ich … ich träume schon länger davon, eine Tänzerin zu sein …«

Ihre Stimme war brüchig. Marty sah aufmerksam zu. Da war keine Bewegung.

»Ich will eine Tänzerin sein. Ich möchte in diesem Wettbewerb tanzen«, fuhr sie fort.

Und dann fühlte sie sich dumm. Verlegen. Sie sprach mit einem Kürbis mitten in einem Schrebergarten. »Das ist dämlich! Es passiert nichts!«

Marty schüttelte den Kopf. Nichts passierte. Überhaupt nichts. Der Kürbis lag reglos da. Marty machte ein langes Gesicht. Nun sah Gracie ihn voller Verwirrung und Scham an.

»Ich kann nicht fassen, dass du mich dazu gebracht hast.« Sie sah aus, als würden ihr gleich die Tränen kommen, als plötzlich ein lautes Ächzen hinter ihr ertönte.

Marty schaute hinüber. Das Ächzen wiederholte sich. Gracie drehte sich langsam um und sah den Kürbis an. Ein Zittern durchlief ihn und dann noch eins. Der Kürbis wuchs. Direkt vor ihren Augen. Wurde dicker. Großvater griff nach oben und nahm ehrfürchtig und langsam seinen Hut ab. Sie beobachteten, wie der Kürbis zulegte. Ausatmete. Alles rausließ. Sie schauten zu und warteten, und dann, unter Ächzen und Beben, hörte er auf.

Staunend begutachtete Großvater den Kürbis. Er wollte etwas sagen, brachte jedoch kein Wort heraus. Er versuchte es noch mal. Schließlich kamen die Worte von irgendwoher …

»Ich habe nie, niemals etwas noch Großartigeres und Prächtigeres gesehen!«

Marty lachte. Er lachte und lachte. Er sprang in

die Luft und jubelte. »Er kann uns wirklich hören!«, rief er.

Gracie und Marty und Großvater fassten sich an den Händen und begannen zu tanzen, und der Kürbis lag einfach nur da, lauschte und wuchs und wusste Bescheid.

Als sie ihren Tanz beendet hatten, strich sich Großvater die Weste glatt und erzählte Gracie von dem Plan. Marty beobachtete sie, während ihr dämmerte, was für eine verrückte Sache sie vorhatten. Seitdem diese Boot-Geschichte ihren Lauf nahm, hätte er es am liebsten seiner Mutter erzählt, aber Gracie davon zu berichten, war fast genauso gut.

»Also«, sagte Großvater erwartungsvoll, »was hältst du davon?«

Gracie sah ihn an. »Ich finde, es ist total genial bescheuert!«

Großvater grinste breit. »Bist du dabei?«

Marty schaute sie an.

»Auf jeden Fall und hundertprozentig!«

»Ha, ha!«, sagte Großvater mit diebischer Freude. »Ich wusste es. Mit dem Motor bin ich fast fertig. Wir müssen nur am Boden des Kürbisses einen Platz dafür schnitzen, nachdem wir ihn ausgehöhlt haben, dann klemmen wir das Ding hinein und füllen die Lücken mit Bauschaum. Das ist wunderbares Zeug. Wir brauchen natürlich einen Mast. Ich habe hier noch irgendwo einen alten Stiel von einem Sonnenschirm. Wir brauchen ein Segel. Und ein paar Schwimmwesten …«

»Mein Vater«, sagte Gracie, »hat mal mit Dingi-Segeln angefangen. Wir haben einen Stapel Schwimmwesten in der Garage.«

»Großartig!«, rief Großvater. »Absolut großartig. Wir sprechen von vier Tagen. Einen bis nach Le Havre. Einen die Seine hinauf nach Paris. Und zwei zurück. Also brauchen wir Essen, Trinken.«

»Und vielleicht ein Handy?«, warf Gracie ein. »Ich habe eins.«

Großvater nickte, offensichtlich beeindruckt von ihrer Logik.

»Plastiktüten, um Sachen trocken zu lagern«, fügte er hinzu. »Und einen Eimer, falls wir mal was ausschöpfen müssen«, schlug Gracie vor.

»Gut mitgedacht, Superhirn, jawoll!«, stimmte Großvater zu.

»Wann geht es los?«, fragte Gracie.

Großvater sog Luft durch die Zähne. »Tja, der Kürbis muss noch wachsen …«

»Aber wir wissen jetzt, wie wir ihn zum Wachsen bringen …«, warf Marty ein.

»Ja, aber wir werden eine Menge Träume und Wünsche brauchen«, gab Großvater zurück.

»Und wo finden wir die?«, wollte Marty wissen.

»Großvater fasste ihn an den Schultern. »Bei den Leuten dieser Stadt, sie stecken voller Träume. Voller Dinge, die sie wollen und sich wünschen!«, erklärte Großvater mit lebhafter Miene. Er schaute Marty in die Augen. »Wenn wir sie finden und er wächst ... sind wir auf einem guten Weg!«

»Wann fahren wir los?«, fragte Gracie.

»Am siebenundzwanzigsten August! Schreib es dir in den Kalender, junge Dame!«

»Moment, aber mein Vortanzen in London ist einen Tag davor«, wandte Gracie ein.

»Das ist schon okay. Du kannst an einem Tag hin- und zurückfahren, kein Problem«, gab Großvater grinsend zurück. »Außerdem ist es gut, wenn du's hinter dir hast, bevor wir ablegen.«

Gracie nickte zustimmend und Großvater verzog konzentriert das Gesicht.

»Zwei Tage hin, zwei Tage zurück und wir sind wieder da an ...«

»Mums Geburtstag«, antwortete Marty, plötzlich ganz still.

Großvater lächelte ihn an. »Na, ist das nicht poetisch? Der dreißigste? Natürlich. Nun, dann sollte es so sein.«

Großvater klatschte in die Hände.

»Uns fehlt noch Segeltuch für das Segel …«

Gracie wirkte ratlos.

»Ich weiß, wo wir was finden«, fiel Marty ein. »Und ein dickes Seil.«

Er wusste genau, wo ein zusammengefaltetes Segeltuch und eine Rolle weißes Seil lagen: in der alten Waschmaschine in Martys Garten hinter dem Haus, vor dem Fenster des Hinterzimmers. Er wusste haargenau, wo die Sachen waren, aber das bedeutete natürlich, dass er zurück nach Hause musste …

Kapitel 20

Gracie hatte Mr Philpott, dem Erdkundelehrer, ungefähr zweihundertsechsundzwanzig Fragen über die Gezeiten und Schifffahrtswege gestellt. Mr Philpott war hocherfreut, da er normalerweise in seinem Unterricht nur schnarchende Kinder zu hören bekam. Weil es der letzte Schultag vor den Sommerferien war, hatte er ein Hauptstadt-Bingo-Spiel mitgebracht, und alle anderen Kinder waren froh über Gracies Ablenkung, denn so konnten sie in ihren Köpfen weitere Pläne für die Sommerferien schmieden.

Marty und Gracie hatten die ganze Mittagspause in der verlassenen Bibliothek verbracht und am Schulcomputer recherchiert.

Solange das Boot »seetauglich« war, gab es nirgendwo ein Gesetz, das ihnen im Wege stand. Sie schauten sich äußerst zufrieden an, als sie das lasen, und weil sie nach dem Mittagessen eine Freistunde hatten, konnten sie den Ort noch eine weitere Stunde für sich haben.

Sie fanden heraus, dass sie den Kürbis vor dem salzigen Meereswasser schützen konnten, indem sie die Unterseite mit Entenfett einrieben. Da Haie keine Vegetarier waren, wie Gracie anmerkte, sah es auch bei dem altbekannten »Fisch frisst Boot«-Szenario gut aus, stellte Marty erleichtert fest. Je mehr sie darüber redeten, umso wirklicher kam es ihnen vor. Gracie und Marty saßen in der hallenden Bibliothek, dachten nach, mit rauchenden Köpfen.

»Wirst du es deiner Mum erzählen?«, fragte Gracie und kaute auf der Unterlippe. Sie wollte ihn nicht bedrängen.

Marty schüttelte den Kopf. »Ich habe darüber nachgedacht … aber dann … welchen Unterschied würde es machen? Ich werde bei Großvater sein …«

»Wenn du meinst.«

»Was ist mit deinem Dad?«, fragte Marty.

Gracie senkte den Blick. »Ich weiß nicht. Ich schätze, ich muss es ihm sagen. Es ist in den Ferien, da wird er mir niemals abnehmen, dass es ein Schulausflug ist oder so was.«

»Möchtest du, dass Großvater mit deinem Dad spricht?«

Gracie lachte. »Bloß nicht!« Sie schüttelte sich. »Ich lass mir was einfallen. Wenn es so weit ist …«

Sie saßen eine Weile schweigend da.

»Du bist wirklich ein Glückspilz, weißt du das, Marty …«

Nun hätte Marty sich auf viele verschiedene Arten beschreiben können, aber ein »Glückspilz« zu sein, gehörte nicht dazu.

»Findest du?«

»Deine Familie ist nicht langweilig.«

Marty lachte laut auf.

»Ha! Tja, da hast du recht!«

»Aber du merkst nicht, was für ein Glück du hast. Meine Familie, sie ist …« Gracie verstummte.

Marty machte ein langes Gesicht. In ihren Augen stand echter Schmerz.

»Sie mussten so viel für mich kämpfen, als ich klein war … mit Ärzten … Sprachtherapie … Es ist, als ob der Kampf für mich das Einzige war, was Mum und Dad gemeinsam hatten. Das Einzige, was sie zusammenhielt. Als ich etwas älter wurde und sie nicht mehr so sehr brauchte, wurde ihnen klar, dass sie sich nichts mehr zu sagen hatten … und da sie nie wirklich mit *mir* geredet haben … wurde alles irgendwie still …«

Marty hörte zu.

»Es ist nur … ich vermisse sie …«

Die Stille um sie herum wurde noch tiefer.

»Ich vermisse sie beide so sehr.«

»Ich vermisse meinen Dad manchmal auch«, gestand Marty ihr, »obwohl ich ihn ja nie wirklich kannte …«

»Und ich vermisse meinen Dad, obwohl ich bei ihm lebe.«

Sie lächelten sich traurig an.

»Darf ich fragen … ich meine, du musst es mir nicht sagen oder so«, meinte Gracie, »aber warum Paris? Warum wolltest du immer dorthin?«

Marty schob die Hand in die Tasche und überprüfte, ob das Modell noch dort war, wie er es unbewusst mehrmals am Tag tat.

»Mein Dad ist da aufgewachsen«, erklärte er. »Er hat mir immer Geschichten davon erzählt, wie wunderschön es dort ist …«

»Und ist er jetzt dort?« Gracie musterte ihn.

Marty versuchte ihrem Blick auszuweichen.

»Ich weiß es nicht«, gab er zu.

»Stell dir vor, wenn wir ihm über den Weg laufen! Wie seltsam das wäre.«

Marty grinste schief und tat so, als wäre ihm der Gedanke nicht auch schon gekommen …

»Ich weiß nicht …« Ihm fehlten die Worte.

Sie saßen eine Zeit lang still da, hörten die anderen Kinder draußen spielen.

»Aber eins weiß ich«, sagte Marty nach einer Weile. »Dein Dad verpasst was. Dein Tanzen. Und du wirst dieses Vortanzen locker schaffen, und danach segeln du und ich und Großvater mit dem Kürbis nach Paris, und wenn es das Letzte ist, was wir machen!«

Gracie lächelte ihn an.

»Ich mag dein neues Ich …«, sagte sie.

»Weißt du was?« Er hielt kurz inne. »Ich glaube, ich auch.«

Alle Kinder strömten aus den Schultoren, laut und lärmend. Von den sechshundert Kindern, die nun sechs Wochen lang nicht mehr in die Schule mussten, ging eine unbändige Energie aus. Man konnte sie fast in der Luft spüren. Marty beobachtete immer ihre Gesichter, wenn er am Ende des Schuljahrs sein Fahrrad losschloss. Da waren die Glückspilze, deren Mütter ihnen als schönen Start in die Ferien ein Picknick mitbrachten, bereit für einen Spaziergang im Park, einen Ball unter den Arm geklemmt. Dann gab es die Reichen, deren Eltern in ihren Autos warteten, um direkt zum Flughafen zu fahren. Am nächsten Morgen würden sie an einem Strand in Portugal sitzen. Dann waren da die Kinder, die von den Großeltern abgeholt wurden, dazu verdammt, sechs Wochen herumgeschoben zu werden, weil ihre Eltern keinen Urlaub bekommen konnten oder irgendein blöder Chef nicht erlaubte, dass sie die Schicht tauschten. Und dann gab es diejenigen wie Marty. Die langsam die Schule verließen. Weil sie wussten, dass die nächsten sechs Wochen, nun, schwierig sein würden. Vielleicht langweilig. Dass sie vielleicht Hunger haben würden. Dass es keinen geregelten Ablauf gab. Nichts, auf das man sich wirklich freuen konnte. Dieses Jahr war das erste, in dem Marty sich nicht so fühlte, und ihm taten die Kinder leid.

Gracie wartete am Tor auf ihn und gemeinsam gingen sie in Richtung Schrebergartensiedlung. Marty hörte die Fahrräder hinter sich. Er stieß Gracie an, die sich umdrehte. Sie verdrehte die Augen, als sie sah, dass ein paar der Jungs mit den neuen Turnschuhen ihnen folgten.

»Beachte sie nicht«, flüsterte sie.

»Ey! Stinker!«

»Lass uns einfach in Ruhe, Gerry«, sagte Marty über seine Schulter.

»Verreist du schön über den Sommer?«

Marty ignorierte ihn. Wenn der wüsste!

»Gehst du mit deiner Freundin rumknutschen, oder was?«

Bei diesen Worten lief Marty tiefrot an. Hoffentlich hatte Gracie nicht gehört, was er sagte.

»Lass uns in Ruhe …«, sagte Marty noch mal.

»Sonst was?«

Es war wirklich unvermeidbar. Bei diesen Kindern gab es immer ein »Sonst was?«.

»Sonst erzähle ich all deinen Freunden hier, wie du im Arm deiner Mummy geheult hast, als ich dir auf die Nase gehauen habe …«

Ein paar der anderen Jungs hinter ihm lachten. Jetzt war Gerry mit Rotwerden an der Reihe. Ein angespanntes Unentschieden. Um ehrlich zu sein, war Marty nicht sicher, was jetzt passieren würde, doch er konnte genauso gut die Stellung halten.

»Naja, wie auch immer …«, sagte Gerry schließlich und legte den Kopf schräg. Dann fixierte er Marty mit einem boshaften Blick. »Ich hab gehört, dass du ein neues Hobby hast … drüben im Schrebergarten …«

Marty hatte keine Ahnung, dass er davon gewusst hatte, aber schließlich lief er jeden Tag hier entlang, da musste Gerry ihn wohl gesehen haben.

»Na und?«

»Klingt nach einem *bombigen* Erfolg …«

Die Art, wie er »bombig« betonte, ließ Marty das Blut in den Adern gefrieren.

»Was hast du gesagt?«

»Nichts.« Gerry grinste hämisch und schob sich an Marty und Gracie vorbei, und die anderen folgten ihm, einer von ihnen spuckte auf Martys Turnschuhe.

Marty sah ihnen hinterher.

»Sie wissen von dem Kürbis …«

Gracie wirkte ebenfalls besorgt. »Wie kann das sein?«

Marty zuckte die Schultern. Die Leute mussten darüber geredet haben.

»Wahrscheinlich passiert es nicht alle Tage, dass jemand einen so großen Kürbis züchtet …«

Beim Gedanken daran, dass dem Kürbis etwas zustoßen könnte, wurde Marty ganz schlecht.

»Komm«, sagte Gracie. »Wir müssen es deinem Großvater erzählen …«

Kapitel 21

In den Sommerferien hatte Marty angefangen, im Schuppen des Schrebergartens in einem Schlafsack zu übernachten, um den Kürbis im Auge zu behalten. Großvater leistete ihm manchmal Gesellschaft, solange sein Rücken ihm nicht zu große Schwierigkeiten machte. Jeden Abend vor dem Schlafengehen gab Marty mit seiner Taschenlampe Gracie ein Signal, dass alles in Ordnung war. Gracie stand dann am Fenster ihres Zimmers und leuchtete in einem Geheimcode mit ihrer Taschenlampe zurück. Marty schlief nachts gut, da er den ganzen Tag an der frischen Luft verbracht und sich um den Kürbis gekümmert hatte. Doch manchmal wachte er schweißgebadet auf und war überzeugt, dass er die Gang der Jungs mit den neuen Turnschuhen gehört hatte. Gracie versuchte ihn zu überzeugen, dass sie das alles längst vergessen hatten, jetzt, wo die Sommerferien in vollem Gange waren, und dass sie wahrscheinlich ganz woanders waren und anderen armen Kindern das Leben schwer machten.

Der Kürbis war jetzt riesig. Er füllte das Saatbeet komplett aus und Großvater musste um die Ränder ein Brettergerüst bauen. Großvater hatte ihm seine Wünsche zugeflüstert – die Dame aus Garten sieben ebenso. Und John Trinidad hatte ihm *stundenlang* etwas vorgewispert. Der Einzige, der bisher noch nicht mit einem Wunsch hergekommen war, war Colin der Milchmann. Mit jedem Wunsch war der Kürbis angeschwollen, rund, dick, bauchig und höckerig an der Unterseite. Es war ein wirklich überwältigender Anblick.

Und je größer er wurde, umso größer wurden die Gerüchte über den Kürbis. Man begann ihn zu besichtigen. Zuerst waren es nur Leute, die zufällig vorbeikamen, stehen blieben, um ihn anzuglotzen, und ein Foto machten. Doch schon bald, als sich die Nachricht verbreitete, kamen mehr und mehr Leute. Großvater hatte sie im Auge behalten, einen nach dem anderen, und einen Eimer in die Nähe gestellt, sodass er von jedem fünfzig Pence verlangen konnte. Das Geld würde sich natürlich als nützlich erweisen, wenn sie Vorräte kauften, die sie mit nach Paris nehmen konnten.

Eines Tages tauchte ein dünner, nervöser Mann in einem grauen Trenchcoat auf, dem ein Fotoapparat um den Hals hing und ein Stift hinter dem Ohr steckte. Er stand da, schaute auf den Kürbis und stemmte die Hände in die Hüften.

»Alles klar?«, fragte Großvater.

»Morgen, mein Herr«, antwortete er. »Ist das hier Ihr Kürbis?«

»Vielleicht …«

Großvater hatte im Laufe seines Lebens genug Leuten Geld geschuldet, um nicht direkt zuzugeben, wer er war.

Der Mann lächelte. »Mein Name ist Gavin Reading. *Nächtlicher Anzeiger.*« Er nahm eine Karte aus seiner Manteltasche und reichte sie Großvater.

Marty pflückte und schälte Erbsen, steckte sie sich in den Mund wie Süßigkeiten. Er rückte näher, um zu lauschen.

»Wir würden gern einen kleinen Sonderbeitrag bringen. In der Zeitung. Nichts Großes. Ein Bild von diesem Kürbis hier und Ihnen, wenn das in Ordnung wäre?«

Großvater legte den Kopf schräg.

»Das wäre es, wenn der Preis stimmt …«

Der Mann lachte. »Wir sind nur eine Regionalzeitung …«

Großvater wandte ihm den Rücken zu und ging zurück zum Schuppen.

»Na gut … na gut, mein Freund«, gab der Mann

von der Zeitung nach. »Ich bin sicher, wir können ein paar Pfund erübrigen …«

Großvater lächelte, zwinkerte Marty zu, bevor er sich umdrehte.

»Insbesondere, wenn Sie unseren Lesern ein paar Ihrer Geheimnisse verraten …« Der Mann kratzte sich jetzt am Kopf. »Erzählen Sie mir, wie Sie es hinbekommen haben, dass er so riesig wurde?«

»Ah«, sagte Großvater, »das ist ein sehr großes Geheimnis …«

Der Mann wirkte ehrlich interessiert. »Wissen Sie, unsere Leser, die mögen es, Insider-Infos zu bekommen … die Wahrheit zu erfahren …«

»Nun«, sagte Großvater, »wenn der Preis stimmt, können wir jederzeit über Wahrheiten sprechen …«

Marty schälte immer noch Erbsen, als Gracie neben ihm auftauchte.

»Was ist los?«, fragte sie.

»Ich sehe einem Meister bei der Arbeit zu«, flüsterte Marty zurück.

»Bitte, kommen Sie in mein Büro …« Großvater gestikulierte zum Schuppen. Dann zwinkerte er Marty und Gracie nochmals zu und folgte dem Journalisten hinein.

Marty strengte sich an, durch das halb geöffnete Fenster etwas zu verstehen.

»Was macht er?«, wisperte Gracie.

»Ich glaube, er nutzt eine Situation zu seinem Vorteil.«

Marty drückte sein Ohr an das Glas, und tatsächlich erzählte Großvater Gavin Reading gerade, dass der Kürbis ein Wunschkürbis sei. Dass er durch die Träume der Menschen wuchs. Marty sah den verschwommenen Umriss des Mannes, der eifrig Notizen machte. Er merkte, dass der Journalist genauso von Großvater fasziniert war wie Miss James in der Schule.

Als Gavin Reading den Schuppen verließ, hatte er versprochen, Großvater einhundert Pfund für die Geschichte zu zahlen, und er machte ein Foto von Großvater, Marty und Gracie, die grinsend neben dem Riesenkürbis standen.

»Vielen Dank dafür …«, sagte der Journalist und fühlte sich, als hätte er die Sensation des Jahrhunderts entdeckt.

»Keine Ursache …« Großvater grinste.

»Übrigens«, er schob den Bleistift wieder hinter sein Ohr, »was machen Sie eigentlich damit, wenn er aufgehört hat zu wachsen? Kuchen? Suppe?«

»Ah!«, rief Großvater aus, ging auf ihn zu und legte ihm den Arm um die Schultern. »Ich dachte schon, Sie fragen nie …«

Der Mann wirkte jetzt unruhig, während Großvater ihn zum Schrebergartentor führte.

»Wir haben etwas Famoses geplant. Etwas Überwältigendes. Etwas, das Sie umhauen wird!«

Man konnte den Mann fast zittern sehen vor Aufregung und auf die Aussicht auf eine Beförderung von seinem Chef.

»Kommen Sie in aller Herrgottsfrühe am siebenundzwanzigsten August wieder her, und ich verspreche Ihnen eine Geschichte, die die ganze Welt aufrütteln wird!«

Der Journalist nickte, saugte jedes Wort auf.

»Das werde ich ...«

»Und wir werden mit niemand anderem sprechen. Alle werden sich um die Geschichte reißen, aber Sie, mein Mann, werden der Einzige sein, mit dem wir sprechen ...«

»Okay ...«

»Und denken Sie an Ihren Fotoapparat!«

»Das werde ich!«

Er fiel fast durch das Tor, da sein Blick immer noch an Großvaters Gesicht hing, wie ein kleiner Vogel, der von dem Wurm im Schnabel seines Vogelvaters ganz entzückt ist.

»Halten Sie die Ohren steif!«, sagte Großvater.

Der Journalist nickte und ging davon.

Kapitel 22

»Seht euch das an!«

Gracie breitete die Zeitung auf dem Schuppentisch aus. Großvater sog die Luft durch seine Zähne und stieß ein dröhnendes Lachen aus.

»Das ist super!«

Der Kürbis sah auf dem Foto tatsächlich gigantisch aus, das lag an der Perspektive.

Marty lächelte und fragte sich kurz, ob seine Mutter das wohl sehen würde. Sie hatten keine Zeitung abonniert, aber vielleicht erzählte ihr jemand davon? Immerhin war Marty noch nie, NIEMALS zuvor in der Zeitung gewesen.

Wie sich herausstellte, hatte die Dame aus Garten sieben früher als Hebamme gearbeitet. Darum hatte sich Großvater ein altes Stethoskop von ihr geliehen. Jeden Morgen hörte er den Kürbis damit ab. Die Pflanze hatte keinen Herzschlag, aber Großvater sagte, dass er die Säfte und das Wasser darin fließen hören könnte. Wenn sie aufhörten, sei der Kürbis bereit zum Pflücken, erklärte er Marty. Nun, als er »Pflücken« sagte, meinte er, es sei dann Zeit, sich das japanische Zeremonieschwert auszuleihen, das im *Krone und Anker* an der Wand hing, und den dicken Strang durchzuschlagen, der ihn mit der Pflanze verband.

Nach dem Bild in der Zeitung kamen noch VIEL mehr Leute, um sich den Kürbis anzuschauen. Er wurde fast so etwas wie ein Heiligenschrein, ein Ort, an dem die Leute sein wollten. Gracie und Großvater waren im Ein-Euro-Laden gewesen, um Pappbecher zu holen, und verkauften auch Tee und Kaffee für fünfzig Pence pro Becher. Der Artikel in der Zeitung hatte ganze Arbeit geleistet, und je mehr Leute dem Kürbis ihre Träume und Wünsche erzählten, umso mehr Leute kamen und umso mehr wuchs er. Es war, als könnten sie endlich einmal in ihrem Leben zu etwas sprechen, das zuhörte.

»Alles in Ordnung, Marty?«

Marty traute seinen Augen nicht. Er hatte ein oder zwei Leute gekannt, die zum Kürbis gekommen waren, aber es war echt seltsam, Mr Garraway hier zu sehen.

»Mir geht's gut, danke.«

»Ja, gut«, antwortete Mr Garraway und sah verlegen aus. »Wo soll ich meine fünfzig Pence hintun?«

Marty nickte zum Eimer, und er lächelte, als Mr Garraway den Kürbis umkreiste und ihm etwas zuflüsterte.

In der Nacht zuvor, als er im Schuppen gelegen und Großvaters Schnarchen zugehört hatte, hatte Marty darüber nachgedacht, wie der Kürbis Leute anzog. Es war, als seien sie von der Natur verzaubert. Als könnten sie nicht recht glauben, dass etwas so Wunderbares und Gewaltiges und Magisches echt sein konnte. Manchmal konnte er das selbst nicht glauben. Er wachte dann auf, spähte durch die Schuppentür, und da war er. Silbern und prächtig im Mondschein. Das wundersame Schiff, das darauf wartete, zur Jungfernfahrt ins Wasser geschoben zu werden. Kinder lachten, wenn sie ihn sahen. Erwachsenen Männern verschlug er die Sprache. Es war etwas Außergewöhnliches inmitten ihrer gewöhnlichen Leben. Marty hatte Großvater sogar gefragt, ob er von den Träumen zu groß werden und platzen könnte. Doch Großvater hatte weise seinen Kopf geschüttelt und Marty versichert, dass nichts und niemand je *zu* voll mit Träumen sein konnte.

Heute horchte Großvater aufmerksam auf das Innere des Kürbisses. Dann rief er zu Gracie und Marty hinüber:

»Bald ist es so weit, wisst ihr. Bald ist es so weit …«

Gracie hatte die Schwimmwesten in den Schuppen gebracht. Der Außenbordmotor und der Bauschaum, um ihn in der Wand des Kürbisses zu befestigen, waren auch da. Großvater hatte sich das japanische Zeremonieschwert von der Wand des Wirtshauses unter seinem Ein-Zimmer-Apartment geborgt, also war das Abschneiden auch gesichert. Mit dem ganzen Wunschgeld und dem Geld aus der Tee- und Kaffeekasse hatten sie sich Vorräte zum Mitnehmen besorgt. Jetzt hieß es nur noch: warten.

Marty war der Einzige, der sein Versprechen, Seil und Stoff für das Segel zu besorgen, noch nicht eingelöst hatte. Er hatte immer wieder vorgehabt hinzugehen. Er wusste genau, wo im Garten sie waren. Er musste dafür nicht mal ins Haus – doch er schob es immer wieder vor sich her. Seine Mutter zu sehen, wäre viel zu schmerzhaft, und – seien wir ehrlich – sie würde zu Hause sein.

Großvater ließ Marty kurz am Kürbis horchen. Er drückte die Kopfhörer in seine Ohren und legte das Stethoskop an die Seite des Kürbisses. *Zischsch, zischsch, zischsch!*

»Er lebt!«

Großvater lachte.

»Natürlich tut er das!«

Gracie kam herbei, und Marty streckte seine Hand aus und klopfte den Rhythmus des Kürbisses auf ihren Rücken, damit sie ihn auch spüren konnte. Sie lächelte.

An diesem Abend saßen Großvater und Marty am Feuer und sahen Gracie beim Tanzen zu. Ihr Vortanzen war in ein paar Tagen, kurz bevor sie Segel setzen mussten. Sie war in letzter Zeit ein bisschen stiller geworden, und Marty wusste, dass sie viel darüber nachdachte.

»Ich habe mit deiner Mum gesprochen, Marty …«, sagte Großvater.

Martys Blick huschte zu seinem Gesicht. »Warum?«

»Wollte sichergehen, dass es ihr gut geht …«

Marty verkniff es sich nachzuhaken, obwohl er die Antwort wirklich gern gewusst hätte.

»Ich weiß, dass du vielleicht denkst, ich bin hart zu deiner Mutter …«

Marty starrte weiter in die Flammen.

»Ich habe mir Mühe gegeben, jahrelang. Als du klein warst … Ich … Ich dachte, dass es vielleicht irgendwie mein Fehler wäre. Dass ich sie so gemacht hätte. Dass ich sie falsch erzogen hätte.«

Marty dachte darüber nach, und zum allerersten Mal sah er so etwas wie Unsicherheit in Großvaters Augen.

»Nein«, sagte Marty. »Es ist eine Krankheit … Das sagen die Ärzte …« Marty hatte immer an diesem Gedanken festgehalten. Er zuckte die Achseln. »Ich weiß nicht, Großvater, manchmal tut mir der Kopf weh, wenn ich nur daran denke.«

»Aber ich weiß, dass sie stolz auf dich ist, Junge …«

Marty biss sich auf die Lippe.

»So erwachsen! Du beginnst deine eigene Reise.«

Marty lächelte.

»Und schau mich an! Ein alter Mann …«

»Du bist nicht alt«, sagte Marty, dann sah er Großvater ernsthaft an. »Du bist eigentlich sogar schon uralt …«

Großvater stieß sein dröhnendes Lachen aus und

schaute dann einen Moment in den sternenübersäten Himmel hinauf.

»Weißt du …« Er zögerte. »Ich habe mich immer gefragt, wie es ist, alt zu sein …«

Marty betrachtete sein Gesicht, die Schatten, die in der Dunkelheit darauf flackerten.

»Wie fühlt es sich denn an?«

Großvater hob die Schultern.

»Ich weiß es nicht. Ich fühle mich noch genau so wie damals, als ich jung war, außer dass ich dreimal pro Nacht aufstehen muss, um zu pinkeln.«

Marty lachte.

»Na dann.« Großvater stand auf. »Ich mache mal meinen Schönheitsschlaf.«

Großvater ging heute Nacht zurück ins Apartment. Gracie blieb bei Marty im Schuppen. Sie hatte ihrem Vater erzählt, sie würde bei einem Freund übernachten, was ja auch stimmte. Marty beobachtete, wie Großvater mit knackenden Gliedern aufstand und seine Hose abklopfte, bevor er sich über den Pfad in Richtung Apartment bewegte.

Marty sah Gracie beim Tanzen zu, bis sie mit dem Training fertig war. Er schwor sich, dass er, egal, wie alt er würde, auch niemals wissen wollte, wie es sich anfühlte.

Kapitel 23

Es hatte keinen Sinn, Gracie etwas zuzuflüstern, denn sie stellte ihren Sprachprozessor nachts aus, also stupste er sie in die Seite. Als sie stöhnend aufwachte, legte Marty einen Finger an die Lippen. Alles, was er im Mondlicht sehen konnte, waren ihre weit aufgerissenen Augen. Er gestikulierte mit der anderen Hand nach draußen und formte mit den Lippen die Worte:

»Da ist jemand!«

Er lauschte. Stand leise auf. Bedeutete Gracie, es ihm gleichzutun. Da es nachts kalt war, schliefen sie hier normalerweise sowieso in ihrer Kleidung. Sie zwängten sich nach draußen und Marty hörte Stimmen von der anderen Seite des Schrebergartens. Gracie zog den Ärmel hoch und schaute auf ihre Uhr. Es war drei Uhr morgens.

Marty zog sie hinter den Schuppen. Es waren die Jungs mit den neuen Turnschuhen, da war er sich sicher. Die Stimmen und das Gelächter kamen näher und näher, Fetzen der Unterhaltung wurden vom Wind herübergetragen …

»Kleiner Angeber …«

»Bringt sein hässliches Gesicht in die Zeitung und denkt, er ist Gott weiß was.«

Ja, das waren sie, ganz sicher. Martys Herz begann zu rasen. Sie hatten damit gerechnet, aber vor zwei Minuten hatte er noch tief geschlafen, und von Stimmen mitten in der Nacht geweckt zu werden, machte einen ganz schwindlig. Als wäre es nicht echt.

Er hörte das Tor des Schrebergartens quietschen. Sie waren vorbereitet. Sie hatten ihre Vorkehrungen getroffen. Doch jetzt, da die Zeit gekommen war, bekam Marty im wahrsten Sinne des Wortes kalte Füße. Gracie stieß ihn an und formte die Worte: *»Was passiert gerade?«*

»Sie kommen den Pfad hinauf …«, gab Marty lautlos zurück.

Es war dunkel, da war das Lippenlesen für Gracie schwierig.

Sie hatten ein System aus Flaschenzügen und Sperren aufgebaut. Sie wussten, was zu tun war – der Ablauf war ausgeklügelt und alles lief wie am Schnürchen. Marty schob sich zur Seite des Schuppens hinüber und bückte sich, um ein Seil vom Boden aufzuheben. Gracie hielt an der anderen Seite Wache. Als die Jungs den halben Weg zurückgelegt hatten, reckte sie die Daumen in die Höhe. Marty riss an dem Seil, das über eine Rolle lief und einen dünnen, fast unsichtbaren Draht straff wie eine Gitarrensaite über den Weg spannte.

Einen kurzen Moment Stille, dann fiel der Erste, *KRACH!* Danach fiel ein Zweiter über den Ersten: *»UAAAA!«* Dann noch einer, *KLATSCH.*

Marty spähte um die Ecke des Schuppens und sah einen Haufen wirbelnder Arme und um sich tretender Beine auf dem Pfad. Er musste sich zusammenreißen, um nicht zu kichern.

»Geh runter von mir! Geh runter!«

»Was machst du denn? Pass auf, wo du hintrittst, du Idiot!«

»Ich war das nicht! Er war's!«

Marty schaute zu Gracie und reckte den Daumen hoch. Es waren drei, wenn er im Dämmerlicht richtig gezählt hatte. Er beobachtete, wie sie aufstanden, sich entwirrten und begannen, sich gegenseitig zu schubsen, während jeder die Schuld auf einen anderen schob.

»Weiter jetzt!«, sagte Gerry schließlich. »Wir sind hier, um diesen Kürbis kaputt zu treten, und das machen wir jetzt auch … Wir zeigen ihnen und diesem dämlichen Wunschkürbis …«

Martys Augen verengten sich. Sie waren wirklich fies. Absolut fies. Er sah zu, wie sie sich dem Schuppen näherten. Obwohl sie alle eine große Klappe hatten, war Marty überzeugt, dass sie etwas unsicher aussahen. Fast als fürchteten sie sich in der Dunkelheit. Er lächelte. Das würde ein großer Spaß werden. Marty hatte eine Geheimwaffe hinter dem Schuppen versteckt. Es war eins der Windspiele von der Dame aus Garten sieben. Er nahm es hoch und pustete darauf. Ein gruseliger Ton hallte durch den Schrebergarten. Marty hörte, wie die Jungs auf der Stelle stehen blieben.

»Was war das?«

Sie lauschten einen Moment.

»Da war nichts.«

Marty pustete noch mal, sodass die Töne zitternd durch die Nacht klangen.

»Da war es wieder!«

»Das ist ein Geist!«

»So was gibt es nicht!«

»Ich hab ihn gehört!«

»Bist du blöd, oder was? Es gibt keine Geister!«

»Das war kein normales Geräusch …«

Marty unterdrückte ein Lachen. Jetzt waren sie richtig nervös, aber für Schritt drei von seinem und Gracies Plan mussten sie noch näher am Kürbis stehen. Marty legte das Windspiel zur Seite und ließ sie herankommen. Dabei schnürte sich seine Kehle zusammen. Er wusste, was sie mit dem Kürbis vorhatten, aber um es richtig hinzukriegen, musste er sie nah heranlassen. Nur nah genug …

»Alter«, sagte einer und seine Stimme hüpfte über den Kürbis, »guckt mal, wie groß der ist!«

Er scheint die Leute mit Ehrfurcht zu erfüllen, sogar die dummen, dachte Marty.

Gracie versetzte ihm einen Tritt und er zeigte nach oben und formte mit den Lippen: *»Auf drei.«*

Er beobachtete, wie sie langsam näher rückten … näher … ihre weißen Turnschuhe leuchteten im Mondschein.

»Das wird der Hammer!«, sagte Gerry und kicherte dämlich. »Bereit?«, fragte er.

Marty nickte Gracie zu und hob die Finger … eins, zwei und drei.

Gracie zerrte an der Kette, die von der Spitze des Schuppens hing, und der Eimer mit Fischgedärmen flog aus dem nächsten Baum und entleerte sich über allen drei Jungs.

»Oh Gott!«, kreischte einer.

»Was ist passiert?«

Gerry hatte vor Schreck den Mund aufgerissen und eine Portion Fischgedärme abbekommen. Er betastete mit fischigen Händen seine Zunge, was alles nur noch schlimmer machte.

»Oh GOTT! WAS IST DAS?«
»Es stinkt!«
»Los, weg hier …!«
»SOFORT!«

Marty zog an einer anderen Kette, und – *ZISCH* – ein weiterer Eimer flog durch die Nacht und kippte eine Ladung schleimigen Seetang-Tee über ihnen aus.

»Hier spukt es!«, schrie einer, während er auf seinen Hintern plumpste.

Sie rutschten, drehten und wanden sich und konnten beim besten Willen nicht mehr aufstehen. Dann, als Zugabe, ließ Gracie noch einen Eimer mit Brennnessel-Stinktur auf sie los.

»UAAAAAAAAAAAAA!« Jetzt kannten sich die drei Eindringlinge gar nicht mehr aus.

Marty gluckste und Gracie auch, und sie beide klammerten sich krampfhaft an den Schuppenwänden fest.

Die Jungs mit den weißen Turnschuhen sahen aus wie Sumpfmonster: Grün und schwarz, mit strampelnden Armen, machten sie den größten Lärm, den man je gehört hatte. Als sie endlich auf die Füße kamen, drängelten und rangelten sie miteinander auf dem Weg zum Tor.

Marty wusste, dass dieser letzte Schlag ein bisschen angeberisch war. Es war nicht wirklich notwendig, aber er fand, es würde der Angelegenheit den letzten Schliff verleihen. Nur noch ein Seil war übrig, und das war an einer Kiste am Tor befestigt. Darin warteten zwanzig Tauben der Dame aus Garten sieben. Es waren hübsche Vögel, doch es waren Brieftauben. Ein Zug am Seil, und sie würden wie eine Explosion aus Federn und Gurren aus dem Käfig schießen. Marty wusste, wenn er zog, würde sich die kleine Tür öffnen und mit einem RAUSCHEN würden sie davonfliegen.

Er sah zu, wie die Jungs sich näher ans Tor kämpften, dann strahlte er Gracie an …

Kapitel 24

»Hey, Großvater, ist Marty da?«

Großvater richtete sich auf.

»Er besorgt ein paar Vorräte ...« Er zwinkerte Gracie zu. Sie lehnte an dem alten, wackeligen Zaun. Großvater fiel auf, dass sie ungewöhnlich still war.

»Ich nehme an, du hast keine Lust, mir eine Tasse Tee zu machen, oder?«, versuchte er sein Glück, da er spürte, dass es ihr helfen könnte, eine Weile ruhig dazusitzen.

Gracie lächelte herzlich.

»Okay, wenn ich schon mal hier bin ...«, antwortete sie.

Großvater beobachtete, wie sie den Kessel aufsetzte und sich daranmachte, ein paar augenscheinlich sehr zweifelhafte Teebeutel aus einer feuchten Pappschachtel zu fischen.

»Na, bist du denn bereit für den Tanzwettbewerb morgen? Ich kann kaum glauben, dass es so schnell schon so weit ist!« Großvater wischte seine Hände an einem Tuch ab, das bereits so dreckig war, dass es keinen Unterschied machte.

»Ich denke schon …«

Großvater musterte sie, als sie ihm seinen Becher reichte. Sie nahm ihren eigenen und dann setzten sie sich vor den Schuppen.

»Ich nehme morgen früh gleich den allerersten Zug …«

»Fährt dein Vater dich nicht hin?«

Gracie machte eine vage Handbewegung. »Ich werde morgen Abend zurück sein, dann kann ich früh ins Bett gehen, bevor wir lossegeln.«

»Du wirkst nicht gerade begeistert«, wagte sich Großvater vor. »Wegen dem Vortanzen, meine ich.«

Gracie schaute zur Seite, ihr Becher dampfte.

»Doch, das bin ich. Es ist nur … Ach, ich weiß nicht.«

Sie sah aus, als wollte sie noch etwas anderes sagen, darum erwiderte Großvater nichts und ließ ihr etwas Zeit.

»Wir kommen zurecht. Dad und ich. Aber nicht wie du und Marty.«

Großvater hörte zu.

»Mum und er haben sich getrennt, und seitdem läuft er herum wie ein kopfloses Huhn. Versucht, ein neues Geschäft aufzubauen. Versucht die ganze

Zeit, Dinge zu erledigen. Macht sich Sorgen um die Zukunft …«

Großvater dachte darüber nach.

»Ich kann nicht für alle Männer sprechen, aber manchmal ist Dinge zu erledigen für sie die einzige Möglichkeit, um zu zeigen, dass sie sich kümmern.«

Gracie schaute auf ihren Tee.

»Ich weiß.«

Großvater wartete.

»Schau mal, Gracie, ich habe selbst viele Fehler bei meinem kleinen Mädchen gemacht. Ich habe sie geliebt … ich liebe sie aus ganzem Herzen, aber jedes Mal, wenn ich den Mund aufmachte, habe ich etwas Falsches gesagt. Also habe ich aufgehört. Aufgehört zu reden. Wir haben beide aufgehört zu reden.«

Großvater hielt inne. Er war selten so ernst.

»Das bedaure ich mit am allermeisten.«

Großvater hörte Stimmen in der Ferne. Die ersten Besucher des Tages für den Kürbis.

»Sie war und ist mein kleines Mädchen. Ist sie immer gewesen. Wird sie immer sein. Und das ist etwas Besonderes.«

Gracie schaute nachdenklich drein.

»Du wirst morgen spitzenmäßig sein, das weißt du …«

Gracie wirkte etwas unsicher.

»Und wenn du doch aus irgendeinem Grund nervös wirst, dann denk einfach daran, was du und Marty mit diesen Rabauken gemacht habt.«

Gracies Gesicht wurde weich. »Gut, sag Marty, wir sehen uns übermorgen. Ich gehe mal besser und packe …« Sie wollte gerade aufstehen, als ihre Miene ernst wurde. »Ich kann nicht glauben, dass es so weit ist … das Vortanzen und unsere Reise …«

Großvater hörte aufmerksam zu.

Gracie seufzte. »Das ist eine Menge, nicht wahr?«

Großvater lächelte. »Es ist gut, aufgeregt zu sein.« Er zwinkerte. »Es ist ein Zeichen dafür, dass dir etwas wichtig ist. Nimm einfach diese Aufregung und nutze sie als Energie, um die Leute von den Socken zu hauen.«

Gracies Gesicht entspannte sich, als sie beide aufstanden.

»Jetzt geh und zeig's ihnen, und dann komm zurück für das Abenteuer deines Lebens!«

Gracie umarmte ihn kurz und fest.

»Danke«, sagte sie.

Großvater nickte. »Da nicht für, meine Liebe.«

Er sah ihr nach, bevor er sich umdrehte und der Menge entgegenblickte, die sich aufstellte, um feierlich an dem Kürbis vorbeizuziehen.

Marty hatte es so lange er konnte vor sich hergeschoben, nach Hause zu gehen und das alte Seil und das Segeltuch zu holen. Doch sie brauchten es jetzt, und es war unmöglich länger zu vermeiden. Er hatte eine Weile auf der Schaukel in dem leeren Park hinter der Siedlung gesessen, um sich darauf vorzubereiten, und es war schon später Nachmittag, als er endlich auf das Haus seiner Mutter zuging.

Es war seltsam zurückzugehen. Es waren nur ein paar Monate gewesen, doch es fühlte sich ewig an. Er hatte es geschafft, sich nicht vorzustellen, wie seine Mutter alleine im Haus in diesem dummen Sessel saß. Jedes Mal, wenn sein Geist begann, in diese Richtung zu wandern, riss er ihn zurück. Er wusste, dass sie das allein schaffen musste und dass er ihr Raum dafür geben musste, während er … nun, während er weitermachte.

Marty ging um die Ecke am Radweg und sah das Gebäude aus der Ferne. Er hatte nicht wirklich einen Plan. Er glaubte nicht, dass er dableiben und mit ihr reden würde, andererseits wusste er aber auch nicht, wie er sich fühlen würde, bis er sie sah.

Er trat in den Garten. Das Chaos war noch das gleiche. Er versuchte, sein Herz wieder zu wappnen. Jedes Gefühl hinunterzuschlucken, damit er nicht unvorbereitet ertappt wurde. Die Hintertür stand offen. Er wusste, wo das Seil war. Es lag aufgerollt in einer alten Waschmaschine im Garten. Er näherte sich der Waschmaschine, drückte den Metallknopf und die Tür flog auf. Da drin, wie erwartet, war das Seil.

Das Segeltuch befand sich vor dem Fenster des Hinterzimmers, aufgerollt unter einem alten Zinkblech. Er stolperte auf das Fenster zu. Versuchte, nicht zu viel Lärm zu machen. Es war seltsam. Er fühlte sich fast wie ein Räuber oder ein Dieb. Er schob das Blech nach oben und zog das Segeltuch hervor. Da hörte er Stimmen. Einen Moment verharrte er stocksteif. Er war sich sicher, dass es zwei Stimmen waren. Die von einem Mann und die seiner Mutter. Er stopfte sich das Segeltuch unter den Arm und drückte seine Nase fest an das Fenster.

Drinnen saß seine Mutter in ihrem Sessel. Sie sah irgendwie dünner aus. Und ihr gegenüber, wo Marty immer auf einem Stapel Zeitungen hockte, war ein Mann. Er musterte ihn. Es war nicht sein Vater. Es war jemand anders, und zu allem Überfluss lachten sie auch noch zusammen. Marty lauschte. Er hatte seine Mutter seit Jahren nicht mehr so lachen hören. Sie tranken Tee. Der Mann saß entspannt und glücklich da, offensichtlich kannten sie sich ziemlich gut. Sie sahen aus wie Freunde …

Marty schaute wieder zu seiner Mutter und fand, dass sie anders aussah. Es lag nicht nur daran, dass ihre Haare sauber und zurückgebunden waren oder dass sie lachte. Da war eine Leichtigkeit in ihr. Marty zog sich zurück, das Herz rutschte ihm in die Hose. Er wollte es sich nicht eingestehen, aber er hatte gedacht, sie wäre vielleicht ein *kleines* bisschen unglücklich, dass er nicht mehr da war. Er hörte die beiden noch einmal zusammen kichern, bevor er sich auf den Weg zurück durch den Garten machte.

Er lief wieder zum Schrebergarten, das Seil über die Schulter gehängt und das Segeltuch unter dem Arm. Als er ankam, wurde es bereits dunkel. Großvater hatte etwas Essen aus dem Apartment mitgebracht und am Feuer Abendbrot bereitet. Ihm fiel die Stille auf, die Marty wie Nebel umwaberte.

»Alles in Ordnung?«, fragte Großvater.

Marty zog den Kopf zwischen die Schultern, der Klang vom Kichern seiner Mutter ging ihm einfach nicht aus dem Sinn.

»Mir geht's gut«, sagte er, aber Großvater sah nicht überzeugt aus.

Nach dem Essen saßen sie schweigend da. Großvater zückte eine alte Lesebrille, setzte sie auf und reichte Marty einen Faden. Marty musste ihn einfädeln, weil das für Großvaters Augen zu viel war. Dann setzte er sich auf den Boden unter das dicke Tuch und schob die Nadel durch das Segel zu Großvater. Während die Nadel auftauchte und wieder verschwand, dachte er darüber nach, was nun geschehen würde.

Kapitel 25

»Marty! … Komm schon, Junge … wach auf!«

Marty brummte, rieb sich die Augen und blinzelte. Großvater kauerte neben ihm, schüttelte ihn, das Stethoskop hing um seinen Hals.

»Es gibt kein Geräusch mehr. Der Kürbis. Er ist fertig! Pickepackevoll! Bis zum Rand voller Wünsche.«

»Was?«

»Es wird Zeit, das Prachtstück aufzumachen!«

Großvater sprühte förmlich vor Aufregung. Marty richtete sich mühsam auf und fuhr sich durch die widerspenstigen Haare.

»Na.« Großvater sah ihn etwas gereizt an. »Komm schon! Weißt du nicht, wie viel Arbeit wir noch haben?«

Selbst um 8 Uhr morgens versammelte sich bereits eine Zuschauergruppe, als Marty seinen Tee trank und sich mit dem Finger die Zähne putzte.

Überall waren Leute … nicht nur Sadiq und John Trinidad und Colin. Alle wussten, dass der Kürbis fast ausgewachsen war, und wilde Gerüchte machten die Runde, was als Nächstes passieren würde. Großvater war ganz in seinem Element.

Gemurmel erhob sich. Ein Brummen, als Großvater eine alte Leiter an die Seite des Kürbisses lehnte. Die Leute machten Fotos mit dem Handy. Großvater und Marty packten gemeinsam das Zeremonieschwert aus dem Wirtshaus, und auf drei hackten sie den Stängel durch.

Lauter Jubel brach aus.

Der Kürbis bewegte sich natürlich nicht. Mit den drei Tonnen, die er wog, würde er wohl kaum davonspringen. Nun mussten sie den Teil mit dem Strunk entfernen, nur eine runde Öffnung machen, genau wie bei einem Halloween-Kürbis, und das Innere herauslöffeln. Das hier war allerdings ein völlig anderer Maßstab.

Die Schale des Kürbisses war so dick, dass sie undurchdringlich wirkte, darum hatte Großvater sich Colins Kettensäge geborgt. Großvater warf ein Seil hinunter, und Colin band die Kettensäge daran, um sie hochzuziehen, da es wahrscheinlich keine gute Idee war, mit einer Kettensäge in der Hand die wacklige Leiter hochzusteigen. Großvater zog sie über die gewölbte Seite des Kürbisses, und Marty sah zu, wie er die Kettensäge anwarf. Sie kreischte und dröhnte im Morgenlicht. Eine Runde Applaus ertönte.

Der erste Schnitt war unglaublich, und Marty wünschte, dass Gracie da gewesen wäre, um ihn zu sehen. Es war, als würde der Kürbis den Lärm der Kettensäge aufsaugen und ihn mit seinem ganzen gewaltigen Körper zurückwerfen. Ihn als aufgeregtes Bibbern in jeden Bauch übertragen. Großvater hielt kurz inne und zog sich den Filzhut vom Kopf, dann krempelte er seine Hemdärmel auf. Er schnitt und schnitt, entschieden, aber sanft, wie ein Chirurg, der diesen Kürbis eher in etwas Wundersames verwandeln als ihn verletzen oder beschädigen würde. Dann, endlich, stellte er die Kettensäge aus.

»Wirf uns den Spaten rauf, Colin!«, rief Großvater.

Colin tat wie geheißen. Großvater schob den Spaten in den Schnitt, den er gemacht hatte, und trieb ihn mit dem Fuß weit hinein, um den Deckel des Kürbisses anzuheben. Er schwitzte schon. Der Deckel hob sich, dann knarzte er.

»Komm schon, Großvater!«, sagte Marty.

»Herrgott, ist das schwer!«, keuchte Großvater.

Marty stellte sich neben ihn und verlagerte sein Gewicht ebenfalls auf die Schaufel, und –

KNARRRRRZ – löste er sich: ein riesiger Kürbiskreis, so groß wie ein runder Tisch. Dann tauchten ein paar Hände von unten auf, bereit, ihn sicher auf das Hochbeet an der anderen Seite gleiten zu lassen.

Noch mehr Jubel.

Großvater wischte sich über die Stirn und schaute mit Marty zum ersten Mal in das Ungetüm hinein. Marty schnappte nach Luft. Der Anblick war wunderbar. Randvoll mit Samen. Tausende Kürbissamen, faserige Häute und leuchtend orangefarbenes Fleisch, das einen goldenen Schimmer auf ihre Gesichter warf. Marty sah das Staunen in Großvaters Augen, und in diesem Moment liebte er ihn dafür. Großvater schaute ihn an.

»Lass uns die Samen rausholen ...«

Großvater bat alle zu gehen, während sie anfingen, den Kürbis auszuhöhlen, doch er lud sie ein, am nächsten Morgen wiederzukommen, und versprach ihnen einen prachtvollen Anblick. Ein paar von ihnen murrten, aber die meisten sagten vergnügt, sie sollten anrufen, wenn sie Hilfe bräuchten.

Als die Menge verschwunden war und Großvater und Marty eine Tasse Tee getrunken hatten, nahmen sie die Arbeit ernsthaft in Angriff. Jeder mit einer Schaufel bewaffnet, standen sie auf dem Kürbis, gruben kiloweise Kürbissamen aus und ließen sie in die Plastikeimer fallen. Als die ihnen ausgingen, füllten sie die Schubkarre und dann die Wasserfässer und schließlich alles Mögliche, was sie finden konnten. Sie schufteten, bis die Sonne hoch am Himmel stand und die Dame aus Garten sieben ihnen etwas zu essen brachte. Danach machten sie weiter. Es war erstaunlich, dass etwas so Großes eine scheinbar unendliche Menge an neuen Samen erzeugen konnte. Neues Leben. Großvater wollte, dass die Samen gut eingelagert wurden, um sie zu erhalten.

Am frühen Abend hatten sie es geschafft, alle Samen auszukratzen, und man konnte Marty und Großvater nicht einmal bei ihrer Arbeit sehen, weil sie in den Tiefen des Kürbisses steckten. Je tiefer sie kamen, umso mehr hallten ihre Stimmen, und Großvaters Lachen wurde rings um Marty verstärkt. Später schnitten sie einen Kreis aus der Seitenwand des Kürbisses, dort, wo nach Großvaters Berechnungen die Wasserlinie sein würde. Sie hatten Masse und Volumen des Kürbisses geschätzt, und Großvater hatte eine geeignete Stelle ausgesucht. Dann klemmten sie den Außenbordmotor hinein und verschlossen die Lücken drumherum mit dem Bauschaum, was super funktionierte.

Später am Abend brachte Sadiq ihnen einen Eintopf hinüber – er war köstlich – und half ihnen, etwas aufzuräumen, damit alles für den nächsten Morgen vorbereitet war.

Die abschließende Arbeit bestand darin, im Inneren des Kürbisses zwei Bretter einzubauen, zum Sitzen, und das Segel einzurichten, damit sie Windkraft nutzen konnten, wenn der Motor mal versagte. Sie stellten den Mast zwischen den waagerechten Brettern auf und zogen das Segel hinauf, sodass es in einem perfekten Dreieck hing. Großvater war gut im Knotenbinden, darum übernahm er das, und als die Sonne unterging, war alles bereit.

Erschöpft setzten die beiden sich hin. Die Arme taten ihnen weh. Auch ihre Rücken schmerzten, aber keiner von ihnen war jemals so glücklich gewesen.

Der Kürbis war eine Schönheit, eine absolute Wucht. Ein wahr gewordener Traum. Marty betrachtete, wie das majestätische Segel sanft im Mondlicht flatterte.

»Morgen früh segeln wir los«, murmelte Großvater leise.

Marty sah ihn an und entdeckte zum ersten Mal eine ungewohnte Müdigkeit in seinen Augen.

»Das wird toll!«, sagte Großvater. »Wir werden es ihnen zeigen!«

Marty spähte zu Gracies Haus hinüber.

Großvater folgte seinem Blick. »Ich dachte, Gracie

sollte heute Abend zurück sein?«, fragte er und kratzte sich am Kopf.

Marty nickte. »Sollte sie.«

Großvater runzelte die Stirn.

»Etwas muss dazwischengekommen sein.« Marty zuckte die Achseln. »Ich bin sicher, dass sie morgen früh hier ist.«

Marty war schnell in einen tiefen Schlaf gefallen, aber die Kälte weckte ihn. Er stand auf, kramte im Schuppen nach Gracies Schlafsack und deckte sich damit zu, als ihm auffiel, dass Großvater nicht da war.

»Großvater?«, fragte er in die Dunkelheit. Keine Antwort. Marty runzelte die Stirn und legte sich wieder hin. Wahrscheinlich war er draußen und traf die allerletzten Vorbereitungen. Marty schloss die Augen. Morgen war ein sehr großer Tag.

Großvater sah am Haus hinauf und nahm seinen Hut ab. Drinnen war Licht an. Er räusperte sich und klopfte behutsam an die Tür. Er hörte Schritte auf den Fliesen.

Gracies Vater öffnete die Tür und schaute hinaus in die Dunkelheit. Er war offensichtlich nicht glücklich darüber, Großvater zu sehen, der in seiner schmutzigen, stinkenden Schrebergartenjacke dastand.

»Sie! Was um alle Welt wollen Sie?«, fragte er gereizt.

»Sie sind Gracies Vater, nicht wahr?«, sagte Großvater. »Ich glaube, wir sollten uns mal unterhalten.«

Kapitel 26

Das Vortanzen war überlaufen. Es wollten so viele Leute mitmachen, dass die Schlange sich durch den ganzen Flur zog und draußen am Gebäude die Straße entlang. Gracie konnte es nicht fassen. Sie hatte fast den ganzen Tag angestanden, und dann, als sie gerade vorne angekommen war, hatten sie die Tür geschlossen und allen gesagt, sie sollten am nächsten Morgen wiederkommen.

Gracie hatte versucht zu protestieren, aber sie hörten nicht zu. Marty und Großvater würden heute den Kürbis öffnen, und sie hätte nach Hause fahren sollen, damit sie am Morgen bereit war loszusegeln. Sie hatte versucht, ihnen eine Nachricht zu hinterlassen, aber da Großvater nur ein Telefon im Apartment besaß und die beiden im Schrebergarten bleiben würden, hatte Gracie keine große Hoffnung, dass diese sie erreichte. Die Veranstalter des Wettbewerbs hatten allen, die von weither kamen, ein Bett für die Nacht angeboten, und Gracie hatte angenommen und behauptet, ihr Vater sei bei ihr.

Nachdem sie in dem billigen Hotel angekommen war, hatte sie ihrem Vater getextet, dass sie noch eine Nacht bei Poppy schlafen würde, und gehofft, dass er dort nicht anrufen würde, um es zu überprüfen. Dann legte sie sich ins Bett und fühlte sich, als sei ihr Herz entzweigerissen worden. Sie wollte unbedingt an dem Wettbewerb teilnehmen. Schließlich hatte sie so viel Arbeit hineingesteckt, aber genauso unbedingt wollte sie mit Marty und Großvater nach Paris segeln.

Sie fand kaum Schlaf.

Am Morgen stand Gracie auf und ging direkt zurück zum Austragungsort des Wettbewerbs. Sie dachte, wenn sie besonders früh da sei, könnte sie teilnehmen und es immer noch rechtzeitig nach Hause schaffen. Aufgewühlt stand sie in einer Reihe mit den anderen Mädchen, die fröhlich miteinander plauderten. Offensichtlich kannten sie sich aus dem Tanzunterricht. Ihre Haare waren zu festen Knoten gebunden und sie trugen vorschriftsmäßige Kleidung. Gracie war sich mit den Fingern durchs Haar gefahren: Sie hatte sie nicht zusammengebunden, und ihre Kleidung war, nun, nicht vorschriftsmäßig.

Endlich kam Gracie dran. Sie stand in der Mitte

des Tanzstudios. Die Jury saß in einer Reihe. Es waren vier Leute, die sie anschauten. Eine Frau räusperte sich.

»Also, welchen Tanz wirst du vorführen?«

Gracie sah auf die Lippen der Frau.

»Also«, sagte sie, schaute zur Seite und dann auf den Boden. »Es ist ein Tanz, den ich mir ausgedacht habe …«

Eins der Jurymitglieder lehnte sich mit gelangweilter Miene zurück.

»Ach wirklich?«

Gracie nickte.

»Und wie lange tanzt du schon?«, fragte eine andere Frau.

Gracie wurde heiß. Zu heiß.

»Ähm, ich weiß nicht. Solange ich atmen kann, schätze ich.«

»Aha«, erwiderte die Frau schroff.

Die Jury musterte Gracie ratlos.

»Und …«, sagte die letzte Frau. »In welcher Klasse bist du? Welche Disziplinen lernst du? Ballett? Modern Dance? Stepptanz?«

Diese Frage hatte Gracie befürchtet. Sie schaute die Frau direkt an. Versuchte, Haltung zu bewahren.

»Keine – ich meine, ich habe keinen Unterricht gehabt.«

Selbst aus der Entfernung konnte Gracie sehen, wie das Jurymitglied eine Augenbraue hochzog.

»Überhaupt keinen?« Die Miene der Frau war eiskalt.

Gracie spürte, dass die anderen Mädchen, die vor der Tür auf dem Flur warteten, offensichtlich lauschten. Sie wollte wegrennen. Sie wollte sich verstecken. Sie fühlte ein Brennen in ihrer Brust.

»Und was ist die Inspiration für dein Stück?«

Gracie hatte über die Geschichte nachgedacht. Sie hatte darüber nachgedacht, was sie sagen sollte, aber sie konnte es nicht so gut mit Worten erklären wie mit ihrem Körper. Sie zuckte mit den Schultern.

»Ich weiß nicht. Ich glaube, es geht einfach um Klänge …«

Es gab wieder eine Pause, bis das erste Jurymitglied schließlich sagte:

»Na gut. Dann schauen wir mal, was du kannst, ja?«

Gracie nickte, froh über die Möglichkeit, endlich mit dem Reden aufzuhören. »Die Musik muss laut sein«, sagte sie und schaute wieder auf die Jury.

Sie lächelten. Schauten zu ihrem Implantat. »Natürlich«, antwortete ein Jurymitglied.

Gracie rannte zur Seitenwand und schlüpfte aus den Schuhen. Dann stellte sie ihren Sprachprozessor aus und holte tief Luft. Sie lief zurück in die Mitte des Raums. Alle sahen zu, wie sie sich sammelte. Die Musik schwoll an und begann, den Raum auszufüllen. Gracie öffnete die Augen und stellte sich auf die Zehenspitzen. Sie wartete … wartete … wartete auf die Wellen der Musik, die sie bewegten …

sie harrte aus … in verhaltener Bewegung, wie eine Welle, die ihren Höhepunkt erreicht, bevor sie in weiße Gischt zerstiebt. Sie hing in der Luft … ein bisschen länger und noch ein bisschen länger … und dann tanzte sie …

»Ich habe alles falsch gemacht, oder?«

Gracie erschrak fast zu Tode. Ihr Herz raste noch immer vom Vortanzen und ihr Gesicht fühlte sich ganz rot an. Sie hatte gerade ihren Sprachprozessor wieder angestellt und zog sich in der Umkleide die Schuhe an, als sie die Stimme ihres Vaters vernahm. »Es tut mir leid, Gracie.«

Gracie konnte ihren Augen kaum glauben.

»Äh, solltest du nicht bei der Arbeit sein?«

»Wahrscheinlich.«

»Wer …? Was …? Wer hat dir überhaupt davon erzählt?«

Gracies Vater lächelte.

»Das spielt keine Rolle. Ich bin letzte Nacht hierhergefahren. Ich habe mir schreckliche Sorgen gemacht …«

Gracie wusste nicht, was sie sagen sollte. Sie wappnete sich für die wohlverdiente Strafe, die mit Sicherheit folgen würde.

»Kriege ich Ärger?«
Er schüttelte den Kopf. »Nein.«
»Was? Echt jetzt?«
»Ich habe dich tanzen gesehen, Gracie.«
Gracie spürte ihr Herz wieder taumeln.
»Es war wunderschön, und du hast recht …«
»Womit?«, fragte Gracie.
»Seitdem deine Mum gegangen ist … habe ich versucht zurechtzukommen. Dinge zu erledigen. Beschäftigt zu sein und …«
»Etwas zu tun?«, bot Gracie an.
Ihr Vater nickte.
»Ich weiß«, sagte Gracie.
Er sah müde aus. Erschöpft.
»Für mich musst du eigentlich gar nicht unbedingt etwas *tun*, Dad … Ich möchte nur …« Gracie zuckte nur die Achseln, Tränen schnürten ihr die Kehle zu.
Ihr Vater stand auf. Ging auf sie zu und umarmte sie.
»Ich möchte, dass du weißt, dass ich nie an dir gezweifelt habe. Ich wusste, dass du großartig bist. Ich wusste, dass du alles schaffen kannst. Ich habe nur einfach vergessen, dass du vielleicht deine eigenen Ideen hast … Es ist nur … Die Welt kann ein grausamer Ort sein.«
Gracie schniefte. Gegen ihren Willen strömten die

Tränen nun über ihr Gesicht. Sie schaute zu ihm hoch.

»Sie kann auch ein wundervoller Ort sein …«

Ihr Vater schaute zu ihr hinab.

»Das ist sie … und ich glaube, das habe ich schon seit einer Weile aus den Augen verloren …«

Er küsste sie auf den Kopf und sie standen lange so da.

»Du stinkst …«, sagte er nach einer Weile. »Du bist ganz verschwitzt.«

Gracie lachte und trat einen Schritt zurück. Rieb sich das Gesicht mit den Händen. Sie lächelten sich an.

»Ich weiß.«

»Und?«, fragte er. »Was möchtest du jetzt machen?«

»Also …«, überlegte Gracie und schaute auf die Uhr. »Ich bin froh, dass du mich das fragst …«

Kapitel 27

»GUTEN MORGEN, SONNENSCHEIN! GEH HINTER DEN RHABARBER PINKELN! WECHSLE DEINE UNTERHOSE! ISS DEIN FRÜHSTÜCK! HEUTE SEEEEEEEEEEGELN WIR!«

Großvater hüpfte herum. Marty blinzelte.

»Wie spät ist es?«

Großvater blickte auf seine Uhr.

»Vier Uhr morgens … Komm schon! Beweg dich!«

Da wurde Marty klar, dass Großvater neu belebt worden war.

Colin, Sadiq und die Dame aus Garten sieben waren schon da. Großvater hatte eine Unmenge an Rührei in einer Pfanne über dem Feuer gemacht und alle langten zu. Um halb fünf tauchte der magere Journalist auf, mit zuckendem Auge, bereit, um ein paar Fotos zu machen, gemeinsam mit scheinbar der halben Stadt. Einer hatte es einem Freund geschrieben, und die hatten es ihren Freunden geschrieben, bis die Menschenmenge riesig geworden war! Alle standen japsend und staunend da, glotzten und rätselten.

Als die Sonne am Himmel aufstieg, brachte sie die ganze Pracht des Kürbisboots zur Geltung. Es leuchtete und war gewaltig. Atemberaubend. Der magere Mann von der Zeitung kratzte sich am Kopf, als Großvater eine Leiter an die Seitenwand des Kürbisses stellte und hinaufkletterte. Dann klatschte er, damit alle zuhörten.

»Wir hatten das Samenkorn einer Idee, ein winzig kleines Samenkorn. Dann pflanzten wir es ein und sahen ihm beim Wachsen zu! Ich präsentiere Ihnen die MS *Segelnde Saat*!«

Die Menge keuchte auf.

»Wir werden heute in diesem Boot über den Ärmelkanal segeln.«

Die Leute waren total verblüfft. Der Journalist begann, sich Notizen zu machen. Das war ein Knüller. *Der* Knüller überhaupt. Wenn er heute Morgen noch ein paar Fotos zur Redaktion bringen konnte, schaffte er es vielleicht noch in die Neun-Uhr-Schlagzeile. Alle Fernsehsender würden auch hinter der Geschichte her sein und er war hier. KLICK. KLICK. KLICK. Er machte Hunderte Fotos.

»Dieses Abenteuer ist für uns alle!«, sagte Großvater. »Für uns Träumer! Für uns, die wir als wahnsinnig und irre abgestempelt werden! Das ist unsere Art zu sagen: ›Wir spielen auch eine Rolle.‹ Das ist unsere Art zu sagen: ›Gib deine Träume niemals auf.‹«

Die Leute flippten aus. Handys klickten. Kinder jubelten. Marty sah fasziniert zu.

»Jetzt brauchen wir Hilfe. Wir müssen diesen Kürbis auf die Ladefläche des Milchwagens bekommen, damit wir ihn runter zum Hafen bringen können.«

Colin hatte den Milchwagen rückwärts an das Tor des benachbarten Schrebergartens gestellt. Sie konnten dann damit die Straße hinunterfahren und auf die Autobahn Richtung Küste. Marty hatte den Kürbis mit Wasserflaschen und Esspaketen gefüllt und mit den Feuerwerkskörpern, die letztes Jahr beim Silvesterfeuerwerk im Wirtshaus übrig geblieben waren.

Sie waren alle da, all die vertrauten Gesichter. Marty erkannte sogar ein paar aus der Schule. Mr Garraway reckte den Daumen hoch. Das einzige Gesicht, das er nicht finden konnte, war das von Gracie. Er legte die Stirn in Falten und zögerte einen Moment. Doch dann rissen ihn Rufe aus seinen Gedanken.

»Hau ruck! Hau ruck!«

Großväter und Großmütter, Kinder und Brüder

und Schwestern und Mütter und Väter halfen. Tanten und Onkel und Freunde und Passanten schaukelten und schoben den Kürbis. Sie drückten mit den Händen dagegen, zogen und zerrten, bis sein dicker Bauch aus dem Hochbeet heraushing und zwischen den Holzbrettern und der Ladefläche des Milchwagens steckte.

»Hau ruck! Hau ruck!«

Sie begannen von Neuem. Alle strengten sich an und schwitzten. Riefen »Hau ruck«. Die Radaufhängung des Milchwagens sackte um die dreißig Zentimeter nach unten, als das Gewicht des Kürbisses sich auf seine Ladefläche zu senken begann.

Einen Augenblick lang fürchtete Marty, der Kürbis könnte den kleinen Milchwagen zum Überschlagen bringen, wie beim Flohspiel. Sie schoben und hoben, sie pfropften und stopften, bis der Kürbis am Ende dick und fett auf der Ladefläche hockte.

Alle feierten und lauter Jubel brach los. Dann halfen einige der größten Leute dabei, den Kürbis festzubinden.

»Gut, komm, Marty – wir sitzen vorne bei Colin«, sagte Großvater.

Sie mussten schnellstens los, da gerade Flut war. Wenn sie noch länger warteten, würden sie die günstige Gelegenheit verpassen.

Marty blickte verzweifelt um sich. Großvater las seine Gedanken.

»Gracie muss etwas dazwischengekommen sein. Komm jetzt …«

Marty packte seinen Mantel und sprang auf den Beifahrersitz des Milchwagens, als der Motor aufheulte. Er klang wie der Motor eines Rasenmähers, als er sich gegen das enorme Gewicht auf seiner Ladefläche stemmte und kämpfte.

Colin klopfte auf das Armaturenbrett – »Komm schon, Bessy!« – und dann ging es los.

Ich schätze, man sieht nicht jeden Tag ein riesiges Kürbisboot auf der Ladefläche eines Milchwagens über die Autobahn fahren, nicht zuletzt, weil es wahrscheinlich absolut verboten ist. Aber dies war nicht jeder Tag. Marty hatte damit gerechnet, dass sie einige Aufmerksamkeit erregen würden, aber das hier hatte er bestimmt nicht erwartet.

Ein ganzer Autokonvoi folgte ihnen. Autos von Gratulanten und Zeitungsreportern und Leuten, die neugierig waren, was da vor sich ging. Es war ein ziemlicher Zirkus. Und es war eine ziemlich lange Fahrt – lange genug, dass Marty anfing, nervös zu werden. Was, wenn sie alles falsch berechnet hatten? Was, wenn sie die MS *Segelnde Saat* zu Wasser ließen und sie einfach mit einem lauten, blubbernden Rülpser auf den Grund sank? Marty brach der kalte Schweiß aus. Was, wenn sie tatsächlich mitten im Meer sanken? Er konnte schwimmen, klar, aber nicht hundert Meilen …

Großvater fiel seine Schweigsamkeit auf. »Marty, mach dir keine Sorgen …«

»Ich mache mir keine Sorgen …«, log er.

»Doch, tust du …«

Der Motor des Milchwagens hatte jetzt angefangen zu qualmen. Rauchwolken drangen in die Fahrerkabine, Marty und Großvater und Colin mussten husten.

»Ihr tut das für uns alle«, sagte Colin.

Marty hatte noch nie so viel Zeit in seiner Nähe verbracht. Colin war riesig, klar, das war Marty aufgefallen, doch es lag eine echte Sanftmut in seinen Augen.

»All die Dinge, die ich mir ausgedacht habe …«, sagte Colin mit einem traurigen kleinen Lächeln. »Aus denen ist nie was geworden … Ich wollte immer Krankenpfleger werden.«

Das überraschte Marty.

»Alle lachten mich aus und sagten, das könnte ich nicht. Also tat ich etwas richtig Dummes und hörte auf sie.«

Großvater schüttelte den Kopf.

»Und das Komische ist, ich mag es nicht mal, Milch zu verkaufen …« Nun reckte er das Kinn vor. »Ich bringe euch zum Hafen, und wenn es das Letzte ist, was ich tue …«

Der Hafen war bereits überlaufen mit Autos. Sie hatten den Milchwagen auf der Autobahn überholt und versucht, die beste Position für ihre Fotos zu erhaschen. Colin fuhr mit dem Milchwagen rückwärts zur Helling. Das Meer sah ruhig und perfekt aus. Es hätte nicht besser sein können. Großvater und Marty sprangen hinaus.

»Wie sollen wir das jetzt machen?«, fragte Marty.

Daran hatte Großvater tatsächlich nicht gedacht. Ihm fiel auf, dass es eine Stufe gab. Wenn sie den Kürbis hinunterschoben, liefen sie Gefahr, dass er kaputtging. Und er war zu schwer, um ihn zu tragen, selbst für eine ganze Menschenmenge. Großvater war erschüttert.

»Wir haben's gleich! Wir haben's gleich!« Colin blähte die Brust. »Steigt ein«, sagte er.

»Wie bitte?«, fragte Großvater.

»Steigt ein, du und Marty.«

»Was willst du tun?«

»Ich fahre ihn rückwärts ans Wasser, springe raus und lass ihn untergehen.«

»Den Milchwagen? Bist du sicher?«

Colin sah aus, als sei er sich noch nie im Leben einer Sache so sicher gewesen.

»Ich werde ihn nicht mehr brauchen. Ich gehe wieder zur Schule. Und mein Freund vom Schrottplatz wird ihn liebend gern rausfischen.«

Großvater lächelte. »Genie ...« Dann legte er eine Hand auf Martys Schulter. »Komm, Junge. Es ist an der Zeit.«

Marty und Großvater sprangen in den Kürbis. Großvater hatte die Hand am Motor und Marty setzte das Segel. Es ging eine leichte Brise. Die Menge am Hafendamm kreischte. Es flog sogar ein Hubschrauber über ihren Köpfen.

»Drei! ZWEI! EIIIIINS!«

Die Menge verstummte und sah mit angehaltenem Atem zu, wie Colin der Milchmann Gas gab und wendete. Sie keuchten, als der Milchwagen schneller wurde und rückwärts auf das Meer zuraste. Dann riefen sie laut Hurra, als Colin am Ufer mit einem fetten Grinsen im Gesicht absprang.

»Halt dich fest, Marty!«, rief Großvater.

Und ganz geschmeidig rollte der Lieferwagen ins Wasser und versank in der Tiefe, ließ Großvater und Marty auf der Oberfläche dümpelnd zurück. Marty klammerte sich an der Seitenwand des Kürbisses fest, und Großvater lachte, bis es wehtat. Sie konnten gar nichts mehr hören, weil die Menge auf dem Hafendamm begeistert schrie und jubelte.

»Das ist der beste Tag meines Lebens!«, rief Großvater. Dann warf er den Motor an.

Der Kürbis schwankte und neigte sich, ruckelte und zuckelte, bis der Motor endlich einen guten Rhythmus gefunden hatte, und plötzlich bewegten sie sich! Sie fuhren hinaus aufs Meer.

Großvater reffte das Segel, fing den Wind ein, und auf ging es. Es war seltsam: Obwohl sie bei dem Tumult am Hafen kaum ihr eigenes Wort hatten verstehen können, wurde es merklich stiller, sobald sie nur ein paar Hundert Meter draußen auf dem Meer waren. Als würden sie ins Unbekannte schippern.

Doch da war eine Stimme – eine Stimme rief immer weiter.

»Wartet! WARTET!«

Marty war sicher, dass es von oben kam. Er schaute hoch und sah den Hubschrauber über ihnen schweben. Er war blau mit einem roten Streifen. Ein Hubschrauber der Küstenwache. Marty kniff die Augen zusammen. Das Wasser um den Kürbis war durch die Rotoren ganz kabbelig.

»Was macht er?«, fragte Großvater.

»Da hängt jemand am Seil!«

Und wirklich: Aus dem Hubschrauber baumelte eine Person in Schwimmweste herab und bewegte sich auf den Kürbis zu.

»Das ist Gracie!« Marty strahlte.

Und sie war es!

Großvater steuerte das Boot so, dass Gracie unverletzt in den Kürbis fallen konnte. Sie landete mit einem Plumps und einem »Mir geht's gut!«.

Marty fiel ihr um den Hals.

»Was um alle Welt …?«

Gracie erhob sich und blies die Backen auf.

»Frag besser nicht!«

Kapitel 28

Als das Land ganz außer Sichtweite war, wurde das Meer ein bisschen ruhiger. Die Wellen klatschten leicht an die Seitenwände des Kürbisses, aber ansonsten war es still, abgesehen von ein paar kreischenden Vögeln. Himmlisch.

Martys Puls hatte sich wieder beruhigt, doch obwohl er wusste, dass das alles hier echt war, konnte er es kaum glauben! Sie segelten. Sie segelten tatsächlich. Großvater überprüfte dann und wann seinen Kompass und seine Karte, und sie verbrachten die ersten Stunden in ehrfürchtigem Schweigen, als fänden sie nicht die richtigen Worte, um ihre Gefühle auszudrücken.

Zur Mittagszeit setzte Großvater den Motor auf Kurs, und sie machten zusammen ein Picknick in dem Kürbis, mitten auf dem Meer.

»Und, hast du's geschafft?«, fragte Marty Gracie schließlich, als wäre es völlig normal, mit einer

Freundin zu quatschen, während man in einem Kürbis mitten übers Meer dümpelte.

Gracie zuckte die Achseln, als sie die belegten Brote verteilte.

»Man muss darauf warten, dass sie anrufen … oder nicht …«

»Und was war das für eine Aktion mit dem Hubschrauber der Küstenwache?«

Gracie grinste.

»Das Vortanzen war total überlaufen. Ich dachte, ich würde es nie hierhin schaffen. Aber wie sich herausstellte, hat jemand meinem Vater gesagt, wo ich bin …«

In diesem Moment begann Großvater gekünstelt zu pfeifen und schaute weg.

»Wer hat deinem …?« Da verstand Marty. »Großvater! Wie konntest du?«

»Ist schon in Ordnung! Ist in Ordnung!« Gracie lachte. »Auf jeden Fall hat er mich tanzen gesehen, wir hatten ein gutes Gespräch, und dann … Erinnerst du dich, dass ich erzählt habe, Dad hätte mal ein bisschen gesegelt? Wie sich herausstellte, kannte er die Küstenwache, und einer von ihnen schuldete ihm noch einen Gefallen … Ich konnte nicht fassen, dass er das machen wollte, aber mir nichts dir nichts tauchte plötzlich dieser Hubschrauber vor uns auf …«

Marty hatte Gracie noch nie zuvor lachen sehen, wenn sie über ihren Vater sprach.

»Und tadaa. Hier bin ich! Weißt du, nachdem er gesehen hat, wie ich das Vortanzen hinbekommen habe, glaube ich, Dad hat verstanden, dass ich auf mich aufpassen kann.«

Marty nickte erleichtert. »Das ist gut.«

»Ich soll dir von ihm Danke sagen, Großvater.« Gracie grinste.

Großvater grinste zurück. »Gern geschehen, meine Liebe.«

»Und was machen wir, wenn wir nach Paris kommen?«, wechselte sie das Thema.

»Nun«, Großvater setzte sich endlich und nahm sich Käse und eingelegtes Gemüse, »ich habe schon alles ausgearbeitet.« Er zog einen Notizblock aus der oberen Tasche seiner Weste. »Wir wollen ja das Beste aus der Reise machen, darum habe ich uns einen Zeitplan gemacht. Wir parken den Kürbis, kurzer Spaziergang in die Stadt. Schnelle Erkundung um den Louvre, Mittagessen im Jardin des Tuileries und ein rascher Aufstieg auf den Eiffelturm, um die Pariser Lichter am Abend zu sehen. Was meint ihr?«

»Klingt nach einem Plan. Der Eiffelturm. Was denkst du, Marty?« Gracie musterte ihn prüfend.

»Klingt perfekt«, antwortete er und bemühte sich,

dass seine Gedanken nicht in Richtung seines Vaters abdrifteten oder sich nicht zu fragen, wie viele andere scheinbar unmögliche Dinge sich bei diesem Abenteuer vielleicht doch als möglich entpuppen würden.

»Das hier ist toll, oder?« Gracie strahlte.

Marty ebenso. Das war es. Das war es absolut.

Nach dem Mittagessen berechnete Großvater, dass sie auf halbem Weg nach Le Havre sein mussten. Er hatte herausgefunden, dass sie 25 Meilen pro Stunde zurücklegen konnten. Also müsste man die 127 Meilen zwischen Southampton und Le Havre im Prinzip in vier Stunden schaffen.

Dann und wann wurde die Stille durch ein vorbeisegelndes Boot oder eine Fähre in der Ferne durchbrochen. Marty schaute ins Wasser und beobachtete, wie Quallen auf und ab glitten, wie tropfende Flecken im Meer, und Gracie sprang fast aus ihrem Sitz, als sie eine Schule Delfine in der Nähe auftauchen sah.

»Ha, ha!«, rief Großvater.

Er war für den Motor verantwortlich und dafür, ihn mit Benzin aus den Kanistern nachzufüllen, die im Bauch des Boots standen. Marty war für das Segel zuständig, und er saß da, balancierte den alten Kompass, den Großvater ihm gegeben hatte, auf den Knien und schaute immer mal wieder zum Se-

gel hinauf. Er konnte den Wind darin fühlen. Wie er das Segel erfasste und sie vorantrieb oder ihnen entgegenschlug, je nachdem, aus welcher Richtung er wehte. Es war unglaublich, wie stark der Wind war. Er füllte das Segel aus, als wäre er Wasser, war aber gänzlich unsichtbar.

Am meisten beeindruckte Marty jedoch, wie klein er sich fühlte. Normalerweise, im Haus seiner Mutter, fühlte er sich groß. Riesig. Als wäre er zu groß für den Ort. All das Gerümpel und die Enge und die vollgestopften, überquellenden Räume bewirkten, dass er sich wie ein Riese vorkam. Doch hier draußen waren sie … sie waren winzig klein. Und etwas daran war furchtbar fantastisch. Sie waren Kleckse. Flecken auf der Wasseroberfläche. Nichts als unbedeutende Punkte. Meilenweit um sie war nichts. Und man konnte die Kraft des Meeres unter sich spüren. Die Wellen bewegten sich und umschlossen den gewaltigen Kürbis, als wäre nichts dabei. Daran war etwas Befreiendes. Marty fühlte sich leicht wie eine Feder. Das gleiche Gefühl, das er hatte, wenn er Gracie tanzen sah.

Jetzt beobachtete Gracie ihn.

»Weißt du was?«, fragte sie. »Ich glaube, so glücklich habe ich dich noch nie gesehen.«

Marty lächelte. Er wusste nicht, was er dazu sagen sollte.

Am Nachmittag hatte Gracie eine der Thermoskannen voll Tee geöffnet, aber die Wellen waren hier draußen auf dem Meer viel wilder, darum fand sie das Einschenken etwas schwierig. Sie versuchte, den Tee in die Becher zu füllen, ohne sich dabei zu verbrennen.

Die Wellen hatten weiße Spitzen. Wasserbänder, die die Meeresoberfläche durchschnitten. Der Kürbis bewegte sich rascher auf und ab. Großvater stand auf und versuchte, mit dem Segel über die größten Wellen zu manövrieren. Hin und wieder wurden sie durch die Gischt mit salzigem Wasser besprüht.

»Uns geht's GUT!«, rief Großvater.

Auch die Geräusche verhielten sich hier anders. Es war, als würde die Meeresbrise sie fortreißen, sobald sie den Mund verließen. Gracie lauschte durch die Vibrationen des Kürbisses auf das Wasser. Er war wie eine Trommel. Er summte, die Vibrationen sandten Schwingungen durch seinen runden Bauch.

Der Motor schien bei der unruhigeren Lage Schwierigkeiten zu haben. Er surrte für Martys Geschmack ein bisschen zu laut.

»Bleibt das jetzt so?«, fragte Marty.

Großvater wirkte leicht besorgt.

»Solange es nicht schlimmer wird als jetzt …«

Sie brauchten das Fernglas nicht herauszuholen, denn lustigerweise merkten sie, dass sie sich dem Land näherten, als der Lärm wieder einsetzte. Es waren mehr Boote da, deren Kapitäne beim Anblick des Kürbisses zweimal hinguckten. Sie gafften wie verrückt. Großvater war umwerfend, winkte ihnen lässig zu, als wäre es das Normalste der Welt, in einem Kürbis zu segeln. Das Wasser wurde ruhiger, als sie auf einen kleinen Hafen zusteuerten, und bevor sie sich's versahen, waren sie in Frankreich. Tatsächlich in Frankreich.

Marty sprang an Land, und Großvater warf ihm ein Seil zu, um den Kürbis zu vertäuen. Dann ging er los, um den Hafenmeister zu bezahlen. Schließlich müssen alle Boote bezahlen, um über Nacht im Hafen liegen zu können. Es ist ein bisschen wie eine Bootspension. Der Hafenmeister telefonierte gerade, als Großvater an seine Tür klopfte. Als er aus dem Fenster schaute, ließ er sowohl den Hörer als auch die Kinnlade herunterfallen. Großvater kam herein, legte das Geld vor ihm auf den Schreibtisch und ließ ihn stehen.

Sie hatten natürlich ihre Schlafsäcke dabei und genug Essen, um über die Nacht zu kommen. Sie deckten sich zu, und Gracie textete ihrem Vater, dass alles in Ordnung war. Innerhalb weniger Minuten war Großvater am Schnarchen, aber Gracie und Marty lagen eine Weile wach und hörten den Wellen zu, die sanft gegen die Kürbiswand platschten.

»Ich kann nicht fassen, dass wir es so weit geschafft haben«, sagte Marty verträumt. »Es fühlt sich einfach so sonderbar an.«

»Ich weiß«, sagte Gracie.

Sie war müde. Müde vom Tanzen. Müde von der Nacht in dem Hotel und das Schaukeln des Wassers machte sie schläfrig.

»Gute Nacht, Marty.« Ihre Augenlider waren jetzt ganz schwer.

»Gute Nacht …«

Kapitel 29

Großvater war vor Marty und Gracie aufgewacht. Er war bei einer Bäckerei gewesen, um sich einen heißen Kaffee zu holen, und seinen tellergroßen Augen nach zu urteilen, musste er stark gewesen sein.

Ein paar Kinder hatten sich am Hafen versammelt, zeigten mit den Fingern und kicherten, und als Marty mit seinen zerzausten, abstehenden Haaren auftauchte, lachten sie noch ein bisschen mehr. Großvater fing an, den Ölstand des Motors zu überprüfen, und Gracie entrollte sich auf dem Boden des Kürbisses und streckte sich aus. Sie gähnte, während Marty das Croissant verschlang, das Großvater gekauft hatte, dann zog sie ihre Tasche zu sich und wechselte die Batterien in ihrem Sprachprozessor, bevor sie ihn wieder hinter ihr Ohr steckte.

Es war ein wunderbarer Morgen. Das Wasser war ruhig und spiegelglatt. Das Licht war um diese Jahreszeit ganz weich, wirkte fast rosa und verschwommen, was Marty gefiel.

Pünktlich um halb acht warf Großvater den Motor an und Marty band das Seil los. Er sprang zurück in den Kürbis und stieß sich mit einem Besenstiel, den sie mitgebracht hatten, von der Hafenwand ab. Die Mündung der Seine fanden sie ganz leicht, da die Brücke der Normandie sich über sie wölbte. Marty sah bewundernd nach oben, als sie darunter hindurchglitten, und danach reihte sich ein Wunder an das nächste. Da gab es Brücken und stattliche Häuser, und sie wichen Fähren und Ausflugsdampfern aus, die fröhlich mit ihren Hörnern tuteten. Sie zogen an Dörfern und Städten vorbei, deren Namen Großvater laut ausrief.

»Caudebec-en-Caux! Rouen! Les Andelys! Vernon! Giverny! Dort ist der Garten von Monet, weißt du, Marty?«

Marty war von ihrer Schönheit wie verzaubert. Gracie und er winkten, als Schwärme von radfahrenden Kindern auf ihrem Weg zur Schule vorbeikamen. Und Fischer riefen Grüße durch die Morgenluft. Marty ließ das Segel nicht los, hielt sie zwischen den Flussufern auf Kurs und versuchte, nicht zu nah an den Rand zu kommen. Gracie hielt Wache, denn da der Kürbis nicht besonders gut zu steuern war, brauchte man viele Warnungen, um

Dingen auszuweichen. Sie saß vorne im Kürbis, passte auf und rief Anweisungen, denen Marty und Großvater folgten.

Je näher sie Paris kamen, umso voller wurden die Wasserwege mit Touristen und kleinen Segelbooten. Marty sah staunend zu, wie die Flussufer sich zu füllen begannen. Da waren Cafés und kleine Stände, die Comics und alte Bücher anboten. Es gab auch Künstler, die ihre Bilder oder Karikaturen an Passanten verkauften. Und dann kam die Stadt in Sicht.

Es war nun Vormittag und der Morgennebel am Fluss war in der warmen Augustsonne verdunstet. Marty kam nicht umhin zu denken, dass alles, was er sah, wie ein Trugbild wirkte. Es war fast eine Traumlandschaft, die langsam über ihnen aufstieg.

»Schaut!«, rief Gracie. »Da vorne ist der Arc de Triomphe!«

Der Fluss wand sich nun wie eine Schlange, kehrte zu sich selbst zurück. Zeigte die Stadt und verbarg sie zur gleichen Zeit. Sie fuhren um eine weitere Windung, und da ließ Marty den Kompass fallen. Er rutschte von seinen Knien auf den Boden, als er mit offenem Mund aufstand. Großvater rief hinüber:

»Alles in Ordnung, Marty?«

Marty nickte stumm.

»Da ist er«, flüsterte er ehrfürchtig. »Der Eiffelturm.«

Und da war er, glänzte im Morgenlicht. Uralt und funkelnagelneu zugleich. Seine hübschen, gebogenen Linien. Seine Kraft.

Gracie schaute zurück zu Marty und lächelte.

Danach jagte ein Wunder das nächste. Die Türme von Notre-Dame, das Hôtel de Ville und der Louvre. Es fühlte sich an wie in einer Filmkulisse, aber das war es nicht. Dies war das echte Leben und sie waren wahrhaftig und wirklich hier.

Großvater tuckerte mit ihnen in den Hafen mitten in Paris, und Marty tat sein Bestes, das Tempo des Kürbisses zu drosseln, damit er nicht zu heftig gegen die Hafenwand prallte. Er sprang hinaus und band den Kürbis an einen Metallbügel, der in der Wand eingelassen war. Großvater schaltete den Motor aus und Gracie stand auf. Er konnte es nicht glauben. Keiner von ihnen konnte es glauben. Sie schauten sich an. Sprachlos.

Sie waren in Paris.

Kapitel 30

Paris war genau so, wie Marty es sich vorgestellt hatte. Es war bunt. Und schnell. Es war laut, und die Luft war von den köstlichsten Düften erfüllt, die er je in seinem Leben gerochen hatte. Und die Leute sahen anders aus, so elegant und schick.

Der Louvre war ein Wunder. Ein pyramidenförmiges Etwas aus Glas, das aus dem Boden ragte. Und erst die Dinge darin! Kunstwerke und Gemälde, Statuen und Juwelen. Marty verbrachte die ganzen zwei Stunden damit, in verblüfftem Schweigen herumzulaufen. Er hatte Bilder von diesen Dingen in der Schule gesehen. Er hatte sogar mal ein Buch über Kunst im Haus seiner Mutter gefunden. Aber sie im wahren Leben zu sehen, hätte er sich nie träumen lassen.

Gracie liebte die schönen Statuen, deren Körper über all die Zeit in Stein gemeißelt waren. Anmutig. In Bewegung und doch regungslos. Sie fragte sich, wie jemand etwas so Kaltem einen so warmen und lebendigen Ausdruck verleihen konnte. Sie stellte sich vor jede einzelne Statue und versuchte, die Haltung mit ihrem Körper nachzuahmen.

Großvater verbrachte seine Zeit damit, die Daumen in die Westentasche zu stecken und verwundert den Kopf zu schütteln.

Sie aßen in einem Café auf einem Platz zu Mittag. Baguettes mit Limonade. Und Großvater trank noch mehr Kaffee. Danach strotzte er nur so vor Energie. Je weiter der Tag voranschritt, umso kribbeliger wurde auch Marty. Sie aßen ein Eis an einem wunderschönen Steinbrunnen, doch Martys Magen rebellierte, und als sie gemeinsam einem Straßenkünstler Modell saßen, der sie auf einem großen Blatt Papier zeichnete, konnte er kaum stillsitzen.

Am späten Nachmittag begannen die Mengen eifriger Touristen sich langsam zu zerstreuen, und als es dämmerig wurde, strubbelte Großvater, der Marty beobachtet hatte, ihm durchs Haar.

»Dann komm, mein Kind«, sagte er. »Es ist Zeit.«

Es war schon spät, als sie sich auf den Weg zum Eiffelturm machten, doch dadurch war er noch schöner, da er komplett mit sanften, glitzernden Lichtern beleuchtet war. Marty schnappte nach Luft, als er ihn aus der Nähe sah. Er war fantastisch. Riesig! Wunderschön.

Großvater nahm den Aufzug, während Gracie und Marty beschlossen zu laufen.

»Alles okay?«, fragte Gracie ihn.

Marty nickte. Ihm fehlten die Worte, um zu beschreiben, wie er sich fühlte.

»Na dann mal los …« Gracie lächelte und sie begannen ihren Aufstieg.

Es waren 674 Stufen bis zur Aussichtsplattform und 1665 Stufen bis zur Spitze. Das wusste Marty. Der Turm war 324 Meter hoch. Das wusste Marty auch. Eigentlich wusste er alles darüber, doch hier zu sein, war eine völlig andere Erfahrung. Gracie war schon außer Atem und Martys Herz klopfte. Sie liefen Runde um Runde, stiegen höher und höher. Und dabei kam immer mehr von Paris in Sicht. Man konnte kilometerweit sehen, das Raster der Häuserblocks, die breiten Straßen. Die Landschaft, die hier und da von Türmen oder Kirchen oder Moscheen durchbrochen wurde. Marty kannte die Mechanik des Turms. Er wusste, wie er zusammengebaut worden war, doch in seiner Gesamtheit war er irgendwie mehr als seine Teile. Er war ein wunderschönes Kunstwerk. Er war prächtig. Er war lebendig …

Großvater wartete an der Spitze auf sie. Er schaute sich staunend um, fast wie an einem heiligen Ort. Die Sonne ging hinter der Stadt unter, rahmte die dunklen Gebäude in Gold und Orange ein. Marty zog scharf die Luft ein, als er vortrat und die Aussicht sah.

Er wusste nicht genau, was er eigentlich hier erwartet hatte. Es war nur ein Traum gewesen. Es war, als wollte er etwas nahe sein. Bedeutung in etwas finden. Er machte einen Schritt nach vorn, und Großvater zog an Gracies Arm, um sie zurückzuhalten. Marty schaute. Er schloss kurz die Augen und dachte an das Haus seiner Mutter. Er dachte daran, wie sehr er sie liebte. Er dachte daran, wie groß die Welt war. Er dachte auch daran, wie allein er sich immer gefühlt hatte, doch es war seltsam, denn wie sehr er auch versuchte, das Gefühl jetzt heraufzubeschwören, er schaffte es einfach nicht. Er fühlte sich nicht allein. Er hatte Großvater und Gracie, und auch Mum, obwohl sie nicht bei ihm war. Er hatte gedacht, er würde vielleicht auch die Sehnsucht nach etwas anderem spüren, doch da war nichts. Keine Sehnsucht, nur der Geschmack des Abenteuers. Marty öffnete die Augen wieder, drehte sich um und lächelte. Großvater und Gracie stellten sich rechts und links neben ihn.

»Danke«, flüsterte er.

»Keine Ursache, mein Junge«, sagte Großvater und drückte seine Hand.

Marty spürte, wie Gracies Kopf an seiner anderen Schulter ruhte.

»Du bist nicht enttäuscht, dass du deinen Vater nicht gesehen hast?«, wisperte sie. »Ich habe mir Sorgen um dich gemacht.«

»Nein«, antwortete Marty und schaute auf die funkelnde Stadt. »Er ist auf seiner eigenen Reise. Und wer weiß? Vielleicht werden unsere Wege sich eines Tages kreuzen, aber so oder so …« Marty machte eine Pause. »Es ist alles gut.«

Großvater drückte seine Hand fester.

»Das ist mein Junge«, sagte er stolz, mit brüchiger Stimme. »Das ist mein Marty.«

Als sie zum Kürbis zurückkamen, war es richtig dunkel geworden. Der Vollmond warf einen schmalen Lichtpfad auf das dunkle Wasser. Sie kletterten alle in das vertäute Boot und kuschelten sich in ihre Schlafsäcke, schließlich hatten sie morgen einen langen Heimweg vor sich. Sie hatten den Hafen für sich, da die ganze Stadt zu schlafen schien. Großvater öffnete eine Thermoskanne mit Kakao, und sie aßen Gebäck, das sie auf dem Rückweg in einer Bäckerei gekauft hatten, und sie redeten und redeten, bis sie alle drei müde wurden.

»Sie nennen es die Stadt der Lichter«, sagte Großvater.

Gracie lächelte.

»Was für ein hübscher Name …«, sagte sie.

»Nicht wahr?«, gab Großvater zurück.

Der Kürbis schaukelte sanft unter ihnen, als sie sich auf dem Boden des Boots auf den Rücken legten, und über ihnen leuchteten eine Million Sterne mit hundert Millionen Möglichkeiten.

Kapitel 31

»Leinen LOS! AUF, AUF UND DAVON!«

Marty hatte noch nie so tief geschlafen. Zum ersten Mal in seinem jungen Leben hatte er sich richtig ausgeruht. Durch das Schaukeln und die Stille, die Brise und die frische Luft war er komplett erledigt gewesen.

Großvater war früh aufgestanden und zu einem Laden in der Nähe gegangen, um Schokoladen-Croissants zu holen. Sie aßen im Morgenlicht, während alle Spaziergänger, die vorbeikamen, sie sehr seltsam anschauten.

Um elf Uhr waren sie bereit aufzubrechen. Großvater hatte den Motor noch mal kurz überprüft und dann konnte es losgehen. Marty band das Seil los und warf es in den Kürbis, bevor er an Bord sprang.

»AU REVOIR!«, rief Großvater lachend. »Paris, es war mir ein Vergnügen!«

Gracie winkte ebenfalls, als sie die Stadt langsam

hinter sich ließen. Marty flüsterte nur zufrieden ein einfaches »Danke« vor sich hin.

Der Fluss war heute viel unruhiger und der Himmel eindeutig grauer. Sie hatten einen riesigen Regenschirm, den sie wie den Deckel einer Teekanne auf den Kürbis stülpen konnten, falls es wirklich in Strömen regnen sollte, aber keiner von ihnen war erpicht darauf, ihn auszuprobieren.

Der Motor schien durchzuhalten, aber das Tuckern klang heute irgendwie anders. Die Wellen waren größer, unvorhersehbarer. Marty schaute Großvater sorgenvoll an.

Wenigstens waren sie aus dem Hafen raus und sie trugen alle ihre Schwimmwesten, doch aus irgendeinem Grund kramte Marty das Feuerwerk hervor, nur für den Fall, dass sie es brauchten. Gracie war heute stiller, ebenso wie Marty. Jetzt, da sie auf dem Rückweg waren, war ihre Stimmung etwas gedämpfter. Es ging zurück in die Schule. Zurück zur Normalität. Zurück zu … Marty versuchte, nicht an seine Mutter zu denken. Ihm fiel auf, dass Gracie auch etwas blass um die Nase war …

»Alles in Ordnung?«

»Mir geht's gut … Es ist etwas stürmischer heute, das ist alles …«

Der Wellengang wurde stärker und auch der Wind. Der Motor machte jetzt praktisch gar nichts mehr, als das Segel sich blähte und der Kürbis vorwärtsschoss. Das hätte gut für sie sein können, wenn es nicht so ruckelig und unruhig gewesen wäre. Marty reichte Gracie einen der Plastikeimer, die Großvater mitgenommen hatte, für den Fall, dass Wasser in den Kürbis kam. Gracie dankte ihm. Marty versuchte, alles festzubinden und am Boden des Kürbisses zu verstauen, um sicherzustellen, dass die Dinge nicht herumrutschten. Großvater gab sein Bestes mit dem Segel. WUSCH, KLACK, WUSCH, KLACK. Das Boot machte einen Satz nach vorne und schlug bei der nächsten Flaute wieder hart auf. WUSCH, KLACK. Großvater schaute besorgt auf den Motor, dann setzte er sich und versuchte auf der Karte zu bestimmen, wo sie waren. Es dauerte noch mindestens ein paar Stunden, bis sie Le Havre erreichen würden. Großvater überprüfte den Kürbis und legte die Stirn in Falten.

»Stimmt was nicht, Großvater?«, fragte Marty.

Großvater hing über der Seitenwand und inspizierte die Außenseite des Kürbisses.

»Alles in Ordnung«, kam seine Stimme.

»Sollen wir anhalten? Nur kurz?«, fragte Gracie und versuchte, ihren Magen zu ignorieren, der sich anfühlte, als wäre er im Schleudergang einer Waschmaschine gelandet. »Meinst du, der Kürbis hält das aus?«

Großvater hievte sich wieder zurück.

»Er packt das schon.« Er wischte sich über die Augenbrauen. »Er ist außen ein bisschen angeschlagen, aber das ist nur ein Grund mehr, um weiterzusegeln, würde ich sagen. Es wird knapp, wenn wir es zum Geburtstag deiner Mum schaffen wollen, und das gute Stück hier soll doch durchhalten.«

Marty hatte noch nie den Geburtstag seiner Mutter verpasst. Er hatte natürlich nie Geld für Geschenke. Aber sie legten ein paar Schallplatten auf den alten Spieler und tanzten herum, und Marty durfte so lange aufbleiben, wie er wollte. Der Gedanke, das nicht zu tun, verursachte ihm eine Übelkeit, die nichts mit dem schaukelnden Kürbis zu tun hatte.

Die nächste Stunde war schrecklich. Der Wellengang ließ sie aufsteigen und dann wieder abfallen, wieder und wieder, bis sie fast nicht mehr wussten, wo oben und unten war. Die Dörfer und Städte an der Seine rauschten auf ihrer Reise flussaufwärts vorbei, während sie versuchten, sich festzuhalten. Marty hielt Ausschau nach der Brücke der Normandie, denn ihr Anblick würde bedeuten, dass sie es wenigstens sicher bis nach Le Havre geschafft hatten, doch sie war nirgendwo zu sehen.

Der Wind wehte heftig und riss Marty immer wieder das Segeltau aus den Händen, das beim Rutschen in seinen Handflächen brannte. Er versuchte verzweifelt, es festzuhalten, aber seine Arme wurden müde.

»Lass es los!«, rief Großvater schließlich. »Es ist so stürmisch, dass es keinen Sinn hat, dagegen anzukämpfen.«

»Loslassen?«, rief Marty ungläubig zurück.

»Ja! Lass es los. Wir müssen uns eben treiben lassen.«

Marty war sich da nicht so sicher, aber Großvater schien zu wissen, was er tat, also ließ Marty das Seil los. Er holte das Segel ein und faltete es auf dem Boden des Kürbisses zu einem Bündel zusammen. Gracie setzte sich neben ihn. Das Grün hatte sie mittlerweile hinter sich, nun war sie tatsächlich fast blau vor Übelkeit.

Nach einer Weile setzte Großvater sich zu ihnen.

Marty schaute ihn panisch an. »Was machst du?«

Großvater lächelte. »Manchmal muss man wissen, wann man loslassen muss, mein Junge.«

Gracie schaute Marty an. »Aber jetzt steuert niemand …?«

Großvater nickte und zog sich den Hut tiefer in die Stirn. »Ich weiß.«

Er sagte es, als sei es völlig normal, in einem außer Kontrolle geratenen Kürbis einen Fluss hinunterzurauschen.

»Man kann kämpfen, so viel man will«, sagte Großvater, »aber diesmal können wir nicht gewinnen. Wir müssen einfach daran glauben, dass wir es überstehen.«

Danach dümpelten sie gefühlt stundenlang in dem aufgewühlten Wasser, während das zerknitterte Segel zwischen ihnen lag.

»Müssen wir jemanden anrufen?«, fragte Gracie. »Stecken wir in Schwierigkeiten?«

Großvater lächelte. »Das glaube ich nicht.«

Gegen fünf Uhr nachmittags hatte sich der Fluss wieder etwas beruhigt. Großvater hatte sogar ein kleines Nickerchen gemacht, und als er erwachte, steckte er den Kopf über die Kürbiswand, um zu sehen, wo sie waren. Marty schaute zu ihm auf und sah, wie ein breites Grinsen über sein Gesicht glitt. Dann stieg eine mächtige Dunkelheit über ihnen auf.

»Nie im Leben!« Marty lächelte. »Das ist die Brücke! Wir sind in Le Havre!«

Großvater lächelte ebenfalls. »Natürlich sind wir das. Die Seine ist den Gezeiten unterworfen, wisst ihr? Mir war immer klar, dass wir hier enden würden …«

Großvater zwinkerte, und obwohl Marty sich nicht sicher war, ob er die Wahrheit sagte oder nicht, grinste er zurück.

Diesen Abend banden sie den Kürbis am Hafen fest und kauften etwas zu essen in einem kleinen Restaurant. Sie hatten nicht mehr viel Geld übrig, aber da es die letzte Nacht ihres Abenteuers war, schlug Großvater vor, alles für Muscheln mit Pommes und etwas Eis auf den Kopf zu hauen.

Sie aßen draußen, in ihre Mäntel eingehüllt, und betrachteten den dunklen Ärmelkanal, der vor ihnen lag. Marty lachte, als Großvater sein Brot in die Sauce tunkte und sie über sein Kinn tropfte, und Gracie bekam eine doppelte Portion Eis, da sie nicht viel essen konnte nach der ganzen Übelkeit. Diesen Abend war Marty ruhiger. Froh darüber, dass sie so weit gekommen und auf dem direkten Weg nach Hause waren.

»Ich habe nachgedacht«, sagte er zaghaft. »Ich glaube … ich weiß, was ich mal werden will.«

Großvater schaute auf und wischte sich die Finger an der Hose ab. Gracie wandte sich ihm erwartungsvoll zu. Marty schaute zu Boden. Verlegen.

»Ich glaube, ich will Architekt werden.«

Großvater musterte ihn schweigend. Marty zog die Augenbrauen zusammen, als er sich tief auf sein Inneres konzentrierte.

»Ich möchte darüber nachdenken, wie wir leben. Welchen Platz wir in der Welt einnehmen. Ich möchte von Dingen träumen, großartigen Dingen, die größer sind als wir … und sie verwirklichen …«

Gracie lächelte.

»Nun«, Großvater wischte sich eine Träne aus den Augen, »ich finde, das ist grandios. Absolut grandios.«

Kapitel 32

Zuerst begann es zu nieseln. Gracie hatte ihren Handywecker auf fünf Uhr morgens gestellt. Sie mussten vier Stunden segeln, bis sie Southampton erreichten. Großvater stöhnte, als er aufstand, und verfluchte seinen schlechten Rücken. Marty schnupperte an sich. Er stank. Es war nicht nur der normale Gestank, wenn man sich nicht gewaschen hatte. Er stank nach leicht säuerlichem Kürbis. Die Innenseite des Kürbisses wurde langsam etwas schleimig, und Marty war sich sicher, dass er etwas tiefer im Wasser lag.

Sie hatten kein Geld für Frühstück mehr, und da Großvater überzeugt war, dass sie zum Mittagessen zu Hause sein würden, mussten sie so lange aushalten. Marty schaute hinaus aufs Meer, während die anderen beiden begannen, den Kürbis auszuräumen. Sie konnten kein überflüssiges Gewicht gebrauchen. Da waren ein paar leere Kanister und ein paar Abfälle, die nur Platz wegnahmen, also brachten Gracie und Großvater sie zum Mülleimer. Das Meer war heute so grau, dass es fast unmöglich war zu erkennen, wo es aufhörte und der Himmel anfing. Seine Laune war auch schwer auszumachen. Obwohl es nicht allzu kabbelig war, wirkte es dennoch so, als lauere irgendetwas unter der Oberfläche.

»Sind wir startklar?«, fragte Großvater schließlich.

Gracie nickte und schaute zuversichtlich drein.

»Auf nach Hause!«

Sie segelten aus dem Hafen und schaukelten in die grobe Richtung von Southampton. Marty zog heute wieder das Segel auf, da der Wind etwas beständiger zu sein schien. Er sah zu, wie es sich blähte und ihr Tempo beschleunigte. Sie segelten in relativer Stille, da es in der Mitte des Kanals nicht besonders viel Verkehr gab. Gracie hatte den Kopf auf den Rand des Kürbisses gelegt und lauschte durch ihn auf das Wasser unten. Großvater redete leise auf den Motor ein, redete ihm gut zu.

Marty konnte es kaum erwarten, seiner Mutter zu berichten, dass einer von Großvaters Plänen endlich funktioniert hatte. Dass sie diese absolut tolle und irrwitzige Sache gemacht hatten. Er stellte sich vor, wie er die Tür öffnete und ihr die ganze Geschichte erzählte. Vielleicht glaubte sie ihm nicht, aber das würde ihn nicht aufhalten. Er hatte in der

Nacht über sie nachgedacht, wie sie alleine im Haus war, und er wusste, dass er ihr nicht helfen konnte. Es war nicht seine Aufgabe, und es lag nicht in seiner Macht, das zu tun, aber er konnte sein eigenes Leben leben. Etwas aus sich selbst machen und ihr vielleicht auf irgendeine Weise zeigen, wie schön die Welt sein konnte …

Darüber dachte Marty nach, als ihm plötzlich etwas auffiel. Etwas, das einen zugegebenermaßen schon an Land beunruhigen würde – aber in einem Kürbis mitten auf dem kabbeligen Meer war es noch beängstigender. Seine Socken waren nass. Er schaute nach unten. Wackelte mit den Zehen. Jep. Sie waren definitiv nass. Da Gracie in ihren Tagträumen kilometerweit weg war, war es ihr noch nicht aufgefallen.

»Ähm, Großvater!«

»Warte, Marty.«

»Nein, ähm, Großvater …«

»Gib mir eine Minute, ich muss den Motor einstellen …«

»Ähm, Großvater, wir laufen mit Wasser voll!«

Mit einem Schlag war Großvater hellwach.

»Was?« Er sah nach unten. »Oh nein!«

Marty stieß Gracie an, deutete mit dem Kopf auf seine nassen Füße. Besorgt sah sie auf.

»Eimer her!«, rief Großvater.

Es standen nur ein paar Zentimeter Wasser am Boden des Kürbisses, doch sie schwappten schon hin und her. Großvater suchte die Stelle, durch die es kam.

»Es ist der Bauschaum!«, rief er. »Der Motor hat sich verschoben. Da ist eine Lücke!«

Die Gischt der Wellen spritzte über sie hinweg, als sie *ZISCH, ZISCH, ZISCH* hin und her sausten. Jetzt wurde Marty auch schlecht. Und wie. Er begann, so viel Wasser auszuschöpfen, wie er konnte, während Großvater versuchte, das Boot so schnell wie möglich nach Hause zu steuern. Gracie konzentrierte sich angestrengt darauf, nicht alles und jeden vollzukotzen.

»Es kann nicht mehr weit sein!«, rief Großvater.

Zuerst dachte Marty, es gelänge ihm, beim Ausschöpfen die Oberhand zu behalten, doch nach einer Weile merkte er, dass das Wasser schon bis zu seinen Knöcheln reichte.

»Großvater! Es hat keinen Zweck, Großvater!«

Die Dame aus Garten sieben hatte ihnen ihr Fernglas geliehen. Großvater hatte es sich um den Hals gehängt, hielt es gelegentlich in Richtung Küste und hielt Ausschau nach Land. Er versuchte es noch mal. Nichts.

Gracie half jetzt auch bei dem Wasser, egal ob seekrank oder nicht. Das hier wurde gerade zu einer

Notlage. So schnell sie konnte, schöpfte sie Wasser mit den Emaillebechern hinaus.

Marty wurde jetzt herumgeschleudert, taumelte von einer Seite des Boots zur anderen. Er und Gracie begannen einen sehr komplizierten Tanz bei dem Versuch, sich nicht ins Gehege zu kommen. Während er hin und her schwankte, wanderten seine Gedanken immer öfter zu seiner Mutter. Er wollte sie wirklich sehen.

»Kannst du schon Land entdecken, Großvater? Großvater!«

Großvater schaute, aber er sah überhaupt nichts.

»Versuch es weiter!«, bat Marty.

Er war sich sicher, dass das Boot viel, viel tiefer im Wasser lag. Das Meer um sie herum schien immer höher zu steigen. Er arbeitete schneller, bis seine Armmuskeln schmerzten und sein Bauch brannte. Gracie war jetzt leichenblass.

»Marty, werden wir das schaffen?«, fragte sie.

Marty wollte sie nicht anlügen. Das hier war ernst.

»Ich finde, wir sollten das Feuerwerk abschießen, Großvater!«

»Du hast recht!«, rief Großvater gegen den Wind.

Marty konnte nicht lange genug stillhalten, um das Streichholz anzuzünden. Jedes Mal, wenn er eins entfacht hatte, blies der Wind es wieder aus. Jedes Mal, wenn er ein neues aus der Schachtel genommen hatte, wurde es von der Gischt ganz feucht.

»Warum haben wir kein Feuerzeug mitgenommen?«, rief er frustriert.

Am Ende stopfte er das Feuerwerk in die Öffnung einer der Vorratstaschen, die auf dem Boden des Kürbisses standen, und setzte sich mit ausgestreckten Beinen hin, um sich abzustützen. Endlich, mit zitternden Fingern, schaffte er es, ein Streichholz vorsichtig an der Schachtel anzustreichen und die

Flamme mit der gewölbten Hand abzuschirmen, bis er den Feuerwerkskörper angezündet hatte.

»KÖPFE RUNTER!«, rief er und Gracie und Großvater duckten sich.

ZIIIIIIIIIISCHSCHSCHSCH!

Die Rakete sauste hoch in die Luft, während das Boot hin und her schaukelte, und explodierte in einem mächtigen rot-orangen Funkenregen. Dann *BUMM!* Eine zweite Explosion und *BUMM!* Noch eine! Gracie spürte die Vibrationen in ihrem Kopf und ihrer Brust und ringsum. Es war eines der außergewöhnlichsten Dinge, die sie je erlebt hatte.

Der Kürbis lief immer noch voll Wasser, schneller als zuvor, und sein Rand war jetzt nur noch ein paar Zentimeter über der Meeresoberfläche. Das war überhaupt nicht gut.

»Ich bin so müde!«, rief Gracie.

»Wir müssen weitermachen!«, keuchte Marty und griff wieder nach dem Eimer. »Wir müssten fast da sein!«

Großvater stand wieder auf und suchte wackelig nach Halt. Er blinzelte in das Fernglas, und Marty musterte seine Miene, auf der sich plötzlich ein Lächeln ausbreitete.

»Kannst du schon was sehen?«

Großvaters Bauch erzitterte unter einem mächtigen Kichern.

Gracie sah zu Marty.

»Was ist los, Großvater?«

Sein Kichern wurde zu einem dröhnenden Lachen.

Marty zog an seiner Jacke.

»Großvater, kannst du Land sehen?«

Großvater ließ das Fernglas sinken und reichte es ihm.

»Sieh selbst, Junge …«

Marty drückte die Linsen an seine Augen und stand auf. Er versuchte, das Gleichgewicht zu halten. Blinzelte. Meer. Meer. Noch mehr Meer. Bis … Er keuchte. Da war die Küste. Weit, weit weg, aber … es kamen Boote auf sie zu. Große. Kleine. Fischerboote. Freizeitboote. Und alle schwenkten Fahnen. Es war unglaublich! Marty begann ebenfalls zu lachen.

»Da sind Boote! Ganz viele! Fischer! Rettungsschwimmer! Sie kommen zu uns!«, rief Marty.

Gracie atmete erleichtert auf.

Es schien eine Ewigkeit zu dauern, aber schließlich waren sie von Booten umzingelt. Es gab Schilder, auf denen die Worte WILLKOMMEN ZU HAUSE geschrieben waren, und Fahnen und Wimpel. Es gab Jubel und Gelächter. Es gab Filmteams, die sich auf den Booten drängten, und fliegende Drohnen, die alles aufzeichneten. Großvater bemühte sich, den Kürbis ruhig zu halten und zu verhindern, dass sie bei all dem Aufruhr und dem zusätzlichen Wellengang umkippten.

Sie näherten sich mehr und mehr dem Hafen, und langsam, aber stetig tuckerten Marty und Gracie und Großvater hinein. Schulkinder standen dicht an dicht an den Hafenmauern, und ein Mann mit einer goldenen Kette um den Hals, den Marty für den Bürgermeister hielt, wartete am Kai auf sie. Marty war noch nie so sprachlos gewesen.

»Willkommen zu Hause, Marty und Gracie und Großvater!«, schrie die Menge.

Gracie stand auf, als Großvater ein Seil zur Hafenwand warf, damit sie den Kürbis sicher vertäuen konnten. Da sah Marty etwas, das noch erstaunlicher war als alle anderen Dinge. Am Hafendamm stand, klein und nervös, seine Mutter. Der Mann, den er in ihrem Haus gesehen hatte, stand neben ihr. Ungläubig starrte Marty sie an. Ihr Blick blieb an seinem Gesicht hängen. Marty sprang aus dem Boot und rannte und rannte. Sie stürmte vorwärts und erreichte ihn auf halbem Weg der Helling. Sie umarmten sich. Ganz fest. Sie hielten sich, während die Leute jubelten. Seine Mutter nahm sein Gesicht in die Hände und schaute ihn an.

»Ich bin so stolz auf dich! Ich bin so, SO stolz auf dich!« Tränen standen in ihren Augen.

»Was machst du hier?«, keuchte er, ganz außer Atem vor Aufregung und Freude und Unglaube.

Sie sah zu dem Mann zurück, der Marty zuwinkte.

»Der Mann da drüben … Er heißt Neil. Er ist mein Therapeut …«

»Therapeut?«, hakte Marty nach.

»Er hat mir geholfen …«

Alles fügte sich plötzlich zusammen.

»Ich muss das ordnen, was hier drin ist«, sie tippte sich mit dem Finger an den Kopf, »damit ich das ordnen kann, was im Haus ist … aber du – du bist so ein gutes Vorbild für mich …«

Marty verbarg das Gesicht an ihrer Schulter und so verharrten sie lange Zeit.

Kapitel 33

Colin der Milchmann war gekommen, um sie mit einem Mietwagen abzuholen, da er ja den Milchwagen versenkt hatte. Es war am Ende nicht der glanzvollste Siegeszug der Welt. Nicht so wie bei Fußballern, die in einem Luxusbus im Schneckentempo durch die Stadt fahren, aber Marty fand es perfekt. Die meisten Zuschauer waren jetzt nach Hause gegangen, alle grinsten. Aber für alle anderen gab es noch viel zu feiern. Großvater und Martys Mutter hatten einen Moment schweigend zusammengestanden und Gracie saß bei ihrem Vater. Er hatte sie in eine Decke gehüllt und sie unterhielten sich angeregt. Marty freute sich.

»Ist deine Mutter nach Hause gegangen?«, fragte Großvater.

Marty nickte. »Was sie getan hat, dass sie hierhergekommen ist, hat Mut gekostet. Eine Menge Kraft.« Marty wusste das. »Sie ist wirklich großartig«, fuhr Großvater fort, »und eines Tages erkennt sie das vielleicht selbst.«

Colin wartete auf sie und es wurde dunkel.

»So«, sagte Marty, als er auf den Kürbis sah, der im letzten Licht des Tages aufleuchtete. »Was machen wir denn jetzt mit ihm?«

Großvater legte Marty den Arm um die Schultern. Er winkte einen der Fischer heran und flüsterte ihm etwas ins Ohr. Der Fischer nickte und stieg die Stufen zum Hafen hinunter. Gracies Vater kam auf sie zu und schüttelte Großvaters Hand.

»Danke, dass Sie sich um Gracie gekümmert haben.«

Großvater lächelte. »Man muss sich gar nicht viel um sie kümmern, trotzdem gern geschehen.«

»Ich habe nachgedacht«, sagte er. »Gracie sagt, Sie sind der beste Gärtner, den sie je gesehen hat …«

Marty war sich sicher, dass Großvater etwas errötete.

»Oh, das weiß ich nicht«, stammelte er.

»Wir kennen uns noch nicht lange und hatten einen schlechten Start, aber ich würde sehr gern etwas mehr darüber lernen. Ich hatte nie wirklich Zeit, aber ich glaube, dass ich vielleicht zu viel gearbeitet habe.«

Großvater strahlte.

»Nun, ich kann immer eine helfende Hand gebrauchen, und ich sage Ihnen, die frische Luft bewirkt Wunder.«

Gracie hatte sich zu ihnen gesellt, gerade rechtzeitig, um zu hören, wie der kleine Schlepper hupte. Sie schauten alle übers Wasser. Der Fischer hatte das Haltetau genommen und zog den Kürbis aufs Meer. Großvater hob die Hand und gab ihm das Zeichen loszulassen. Als die Sonne am Horizont versank, sahen sie zu, wie der Kürbis langsam unterging. Marty schaute auf, als Großvater sich eine Träne aus dem Auge wischte.

»Da gehört er hin …«, Großvaters Stimme brach fast, »… ins Reich der Träume.«

Marty griff nach seiner Hand und drückte sie.

»Gut gemacht, Großvater.«

Kapitel 34

Die Feier hatte *Stunden* gedauert! Alle waren zurück zur Schrebergartenanlage gefahren und auf Biertischen wurde Essen aus aller Herren Länder angeboten. Schließlich war Erntezeit und es gab überall Obst und Gemüse im Überfluss. Großvater hatte einige Interviews gegeben und in der ganzen Schrebergartenanlage wurde gelacht und getanzt. Morgen würden so viele Geschichten in der Zeitung stehen, und alle würden wissen, was sie getan hatten.

Marty saß erschöpft, aber glücklich am Feuer, als Gracie sich zu ihm gesellte.

»Ich wurde angenommen …«, sagte sie.

»Ich wusste es.« Marty lächelte.

»Sie haben heute angerufen. Haben eine Nachricht hinterlassen.«

Marty dachte kurz daran, was das für seine Freundin bedeutete.

»Dad hat Mum angerufen. Sie freuen sich beide sehr für mich.«

Marty nickte froh.

»Ich bin echt stolz auf dich«, sagte er und er meinte es von ganzem Herzen.

»Dito«, sagte sie. »Dir ist schon klar, dass ich jedes Wochenende hier sein werde, auch wenn ich unter der Woche in der Schule bleiben muss.«

»Ich weiß«, sagte Marty. »Außerdem ist es gar nicht so schlecht, unter der Woche getrennt zu sein, denn um ehrlich zu sein, gehst du mir so langsam auf den Keks.«

Sie grinsten sich an.

»Und ich glaube«, sagte Gracie, »nach der ganzen Berichterstattung in den Zeitungen wirst du am Montag so was wie der Held der Schule sein. Du hättest sowieso keine Zeit für mich, nicht bei all den Fans, die dann mit dir reden wollen …«

Die letzten Nachzügler machten sich nun auf den Heimweg und der Himmel wurde etwas heller vom ersten Hauch der Morgendämmerung.

Marty war sicher, dass er eine der Personen erkannt hatte, die in der Dunkelheit tanzten, aber er kam einfach nicht darauf, wer es war … Und dann tauchte er direkt vor ihm auf.

Es war Mr Garraway! In einem Kilt!

Marty sprang auf.

»Hallo, Kleiner.« Mr Garraway lächelte.

»Sie sehen sehr schick aus, Sir«, bemerkte Marty.

»Nun, es ist eine Feier, nicht wahr? Deine Reise war absolut genial.«

Marty grinste. »Danke, Sir.«

Eine Frau, die Marty nicht kannte, kam herüber und legte die Arme um Mr Garraways Taille.

»Ich wollte dir erzählen, dass ich eine neue Arbeit habe, Marty.«

Marty machte ein langes Gesicht. »Sie verlassen die Schule?«

Mr Garraway schüttelte den Kopf. »Nein, Kleiner. Ich bin dein neuer Schuldirektor!«

Marty warf Gracie einen ungläubigen Blick zu.

»Die große, böse Wölfin geht in Rente …« Er zwinkerte. Dann wurde er plötzlich ernst. »Oh Gott, sie steht nicht hinter mir, oder?«

Marty schüttelte den Kopf und lachte.

»Schuldirektor zu werden, habe ich mir gewünscht, als ich deinen Kürbis besucht habe.«

»Das ist toll, Sir!«

»Nicht wahr? Tja.« Er schaute die Frau neben sich an. »Wir gehen jetzt besser. Ich wollte nur Danke sagen.«

Marty nickte. »Nichts zu danken.«

Mr Garraway drehte sich um, dann schaute er noch einmal zurück.

»Oh, und hast du schon mal über deine Auswahl nachgedacht? Was du machen willst?«

Marty lächelte. »Ja. Ja, das habe ich tatsächlich.«

»Gut«, sagte Mr Garraway. »Gut. Nun, wir sehen uns am Montag.«

Marty setzte sich wieder neben Gracie, als Großvater ankam.

»UFF.« Erschöpft ließ er sich ebenfalls neben ihnen nieder. Er hatte stundenlang getanzt.

Großvater hatte jedem beim Verlassen der Feier ein Samenkorn gegeben. Er hatte es ihnen in die Hand gedrückt, als würde er ihnen das wertvollste Geschenk der Welt überreichen. Und irgendwie tat er das ja auch. Er gab ihnen einen Samen zum Wachsen. Etwas Hoffnung. Ein kleiner Samen, der alles enthalten konnte, was sie sich vorstellen wollten.

»Das war ein wunderschöner Sommer«, sagte Großvater mit tiefer, zufriedener Stimme.

»Fand ich auch«, sagte Gracie.

»Ich auch«, sagte Marty.

»Aber wisst ihr was?«, fuhr Großvater fort.

Marty und Gracie sahen in die ersterbenden Flammen des Feuers, während um sie herum ein neuer Morgen erwachte. Großvater zögerte einen Moment, bis er Gracies und Martys volle Aufmerksamkeit hatte.

»Ich wollte immer schon mal fliegen ... Was meint ihr, wie viel ein Riesenkürbis wiegt?«

Gracie und Marty wechselten einen zweifelnden Blick.

Großvater tippte sich gedankenverloren ans Kinn.

»Ich frage mich, ob wir einen mit Flügeln ausstatten könnten ...?«

Dies ist eine Liste von allem, was Großvater hat:

687987679090 Kürbissamen
(Diese Kürbisse haben einen HAUFEN Samen in sich.)
1 Enkel, der ihn sehr liebt
1 Tochter, die manchmal vorbeikommt, um Tee mit ihm zu trinken
Ganz viele Ideen

Dies ist eine Liste von allem, was Marty hat:

1 Großvater, der ihn sehr liebt
1 Mutter, die mittlerweile manchmal lacht und hart daran arbeitet, wieder gesund zu werden, für sie beide
1 beste Freundin, die Tänzerin ist
Ganz viele Ideen

Und wisst ihr was?
Das ist genug.

Über die Autorin

© Naomi Campbell Photography

Caryl Lewis ist eine preisgekrönte walisische Romanautorin, Kinderbuchautorin und Theater- und Drehbuchautorin. Ihr Roman *Martha, Jac a Sianco* (2004), mit dem ihr der Durchbruch gelang, wird weithin als moderner Klassiker der walisischen Literatur betrachtet. Er zählt zum walisischen Lehrplan, und die Filmadaption – deren Drehbuch Lewis selbst geschrieben hat – gewann sechs walisische BAFTAS und den Spirit of the Festival Award auf dem Celtic Media Festival 2010. Zur weiteren Arbeit von Lewis als Drehbuchautorin zählen die BBC/S4C-Thriller *Hinterland* und *Hidden.* Lewis ist Lehrbeauftragte in Kreativem Schreiben an der Cardiff University und lebt mit ihrer Familie auf einem Bauernhof in der Nähe von Aberystwyth.

Über den Illustrator

© privat

George Ermos ist Illustrator und Leseratte aus England. Er arbeitet digital und liebt es, seltsame und rätselhafte Dinge zu illustrieren. Er versucht immer, neue Kunstrichtungen aus den verschiedensten Weltkulturen, von denen er liest und die er erkundet, in seine Arbeit einzubringen.

Letzte Seite? Neues Lesefutter:

ISBN 978-3-8458-4381-0

ISBN 978-3-8458-5481-6

ISBN 978-3-8458-4455-8

arsEdition

Opa Franz ist einfach der Beste!

Jonas und seine kleine Schwester Marie haben wirklich den allercoolsten Opa von allen! Opa Franz ist nämlich Hippie. Was das heißt, weiß Jonas auch nicht so genau ... Aber was er weiß, ist, dass Opa für alle Probleme eine Lösung findet. Auch für die kniffligen. Und dass man deshalb mit ihm die absolut tollsten Abenteuer erleben kann. Ein Hoch auf Opa Franz!

arsEdition

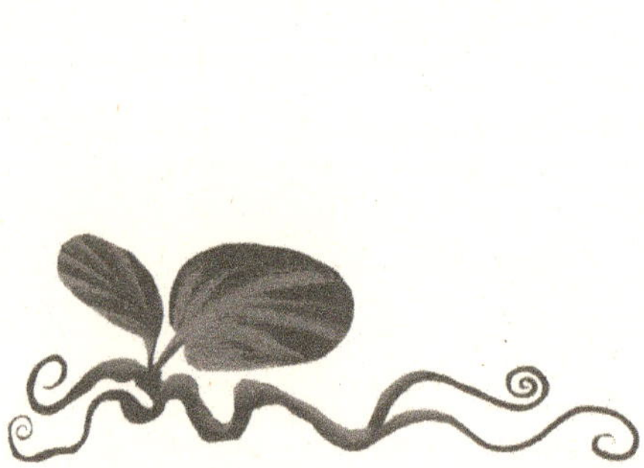